フランス料理の巨匠たち

歴史を受け継ぐ29人の言葉

食のトレンドがさまざまに移り変わる中、
常に世界のガストロノミーの中心に位置し、
今なお大きな影響力を誇るフランス料理。

その華やかな歴史の裏には、
数多の料理人たちの戦いがあります。

本書に登場するのは、一時代を築いたグランシェフと、
フランスの地方でレストランを営むシェフたち。
成功と挫折、そして料理への情熱が余すことなく語られます。

なお、シェフたちの当時の思いをまっすぐに伝えるべく、
取材時（2014年〜18年）の内容から原則手を加えずにまとめました。

彼ら29人の言葉から、脈々と受け継がれる
フランス料理の精神がきっと感じられるはずです。

目次

目次

Part 2 地方レストラン編

Part 1

グランシェフ編

フランス料理の巨匠たち
歴史を受け継ぐ29人の言葉

#01

Michel Guérard《ミシェル・ゲラール》

#02

Michel Rostang《ミシェル・ロスタン》

#04

アラン・デュトゥルニエ

Alain Dutournier

#03

ギィ・マルタン

Guy Martin

#05

Jacques Maximin

ジャック・マキシマン

#06

ミシェル・トラマ

Michel Trama

#07

クリスチャン・コンスタン

Christian Constant

#08

オリヴィエ・ロランジェ
Olivier Roellinger

#09

アラン・デュカス
Alain Ducasse

#10 Patrick Jeffroy

パトリック・ジェフロワ

#12 Marc Veyrat

マルク・ヴェイラ

#11

ギィ・サヴォワ

Guy Savoy

#13

ジョルジュ・ブラン

Georges Blanc

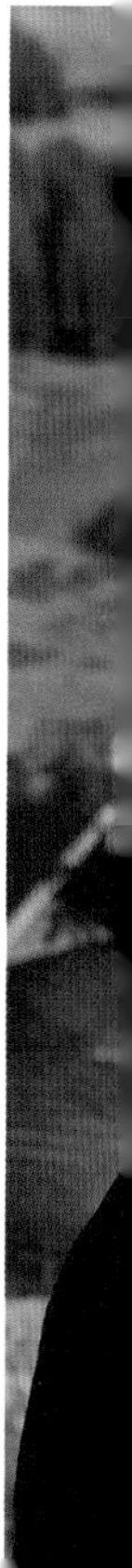

#14

Pierre Gagnaire《ピエール・ガニェール》

#15

Alain Passard《アラン・パッサール》

本編は『月刊専門料理』の連載「フランス
巨匠からのメッセージ」(2014年1月号～
2015年3月号)を再構成したものです。

#01

ミシェル・ゲラール

Michel Guérard

レ・プレ・ドゥジェニー

1933年パリ郊外生まれ。ノルマンディー地方で育ち、パティスリーと料理を修業。'55年、「オテル・ド・クリヨン」（パリ）のシェフ・パティシエに就任。'58年M.O.F.パティシエ取得。キャバレー「リド」（パリ）のシェフ・パティシエを経て、'65年にパリ郊外アニエールで「ポ・ト・フ」をオープン。'71年二ツ星獲得。'74年、ウジェニー・レ・バンに拠点を移動し'77年、三ツ星獲得。2013年9月「キュイジーヌ・サンテ（健康料理）」を教える学校を敷地内に設立。

＊取材は2013年11月。情報もその時のもの

ヌーヴェル・キュイジーヌの立役者の1人、ミシェル・ゲラール氏。1965年に開いたパリ郊外の店「ポ・ト・フ」は'71年にミシュラン二ツ星を獲り、30席の小さな店は、パリから足を伸ばしてくる食通たちで、夜ごと大きな賑わいを見せた。

'74年に南西部ランド県に拠点を移すと、'77年には三ツ星を獲得。さらにガストロノミー料理と平行して美容と減量のための「キュイジーヌ・サンテ（健康料理）」の開発にも着手した。トップシェフによる美しく、おいしく、ヘルシーな料理は健康志向の流れにのり、世界中から注目を集めることになる。

「レ・プレ・ドゥジェニー」はフランス南西部の小さな村、ウジェニー・レ・バンでミシェル・ゲラール氏が経営する温泉療養複合施設の総称だ。村の敷地の大半を関連施設が占め、時に「ゲラール村」と称されるほどの規模を誇る。

その中心となるのが4つのホテルと2つのレストラン。本館のレストランでガストロノミー料理と「キュイジーヌ・サンテ（健康料理）」を、別館のビストロで郷土料理や伝統料理をそれぞれ提供する。

＊

――料理人になったきっかけから、現在に至るまでを振り返っていただけますか？

パリ郊外で生まれ、ノルマンディー地方で育ちました。両親は精肉店を経営していました。第二次世界大戦がはじまると、父は戦地へ。ご存知の通りノルマンディーは激戦地となりましたから、毎日を恐怖と空腹の中ですごし、つらい時代でしたね。

終戦後、パティスリーの道に進みました。本当は勉強を続けたかったのですが、そんな時代ではなかった。なぜパティシエか？　祖母がいつもすばらしくおいしいお菓子を作ってくれていたし、友人の父が営むパティスリーで、ウインドウに並ぶきらびやかなお菓子にうっとりし、オーブンの中でどんどんふくらむ生地の変化などに夢中になったのです。
パティスリーでの見習い修業の後、料理人として働いてから兵役へ。海軍の将校食堂の料理人として、28ヵ月間勤務しました。料理をしていない時は時間に余裕があったので、ひたすら本を読んでいました。エスコフィエやラルース・ガストロノミークなどの料理書はもちろん、絵画の本なども。早くに学校を離れたため私には教養が欠けていると感じていたので、それを埋めたかったのです。料理以外の分野の知識を得ることは、人間性を、つまりは料理人としての懐を、より深くするためにとても大切なことだと今も思います。

――兵役の後は、パリへ。

そう、とてもラッキーなことに22歳で名門「オテル・ド・クリヨン」のシェフ・パティシエに就けたのです。「ル・ムーリス」からも同様のオファーがありました。戦後で人材難だったのでしょうね。
クリヨンではソースをはじめ、料理部門も体験しました。この頃は、料理人とパティシエの仲が悪かった時代（笑）。中でもひどかったのがシェフ・ソーシエで、「何だこの小僧は？」とばかりにしょっちゅうからんできました。それに辟易して、ある日、ごくていねいに「もうちょっかいを出すのはやめていただきたい」と伝えたのです。すると、当人はもちろん周りの料理人もみな口をあんぐり。当時、パティシエが料理人に口答えするなんてタブーでしたから。でも、これがきっかけでシェフ・ソーシエや料理人たちとの友情が芽生えたのだから、何が幸いするかわかりません（笑）。それからは料理の勉強をさせてもらい、私も彼らに製菓を教えたりして、すばらしい交換授業ができました。

唯一無二の自分らしさを探し、自分の〝クラシック〟を作り出す

――パティシエとしてすばらしいキャリアを築いていたのに、なぜ料理の道へ転向したのですか？

クリヨンで料理部門を経験するうちに、料理のほうが、より自由があるように見えたのです。菓子は、基

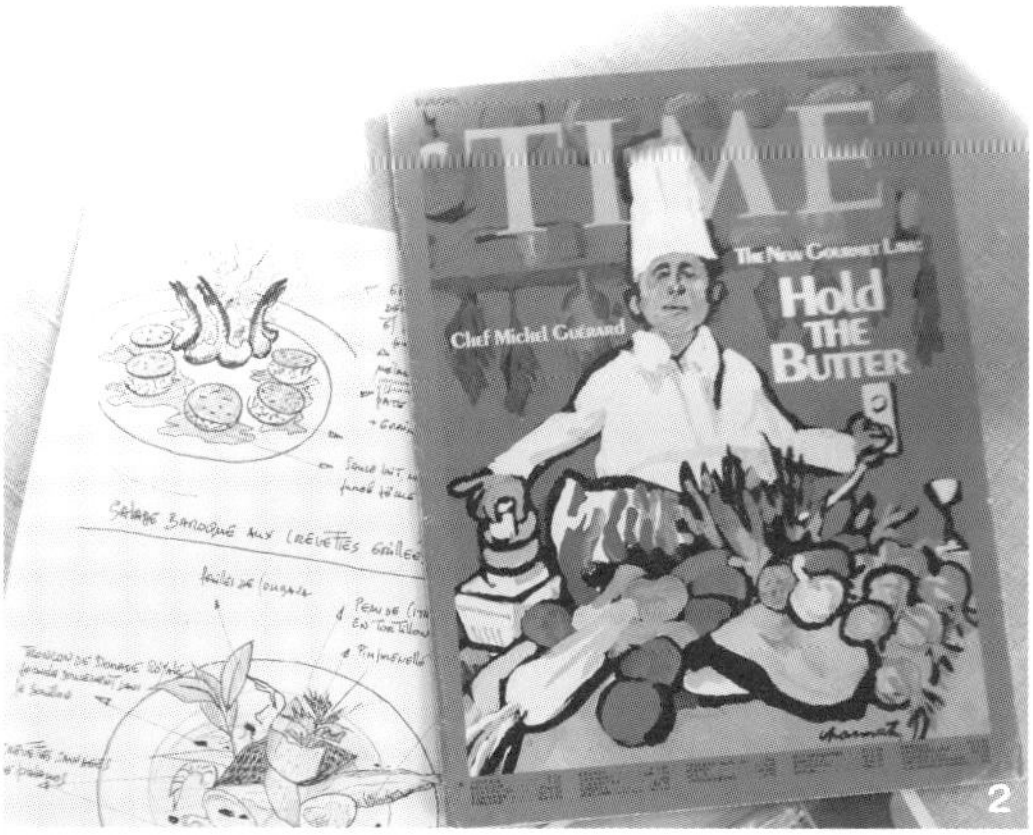

1 20代、パティシエだった頃のゲラール氏。パティスリーのピエスモンテを背景に。パリのキャバレーでシェフ・パティシエをしていた時代は、大きなピエスモンテを作る機会が多かったという。2 フランス料理と言えばクリームたっぷりのこってりしたもの、というのが常識だった1970年代。ゲラール氏が打ち出したヘルシーな料理は世界中で大きな注目を浴び、『TIME』誌の表紙も飾った。下に見えるのは、ゲラール氏による料理考案の際の精密なデッサン。3 1970年代にロベール・ラフォン社から出版された、毎回1人の料理人を紹介する叢書は当時の料理人のバイブル。『新フランス料理』の名で和訳もされた（弊社刊）。中でもゲラール氏のガストロノミーレシピ集（右）の評価は非常に高い。左は健康料理のレシピ集。

本的に明確な物理化学の応用ですからね。また、パティシエとしてM.O.F.を獲得し、その後料理に転向して成功を収めたジャン・ドラヴェーヌ氏（カメリア）との出会いもきっかけになりました。私より15〜20歳くらい年上だったでしょうか。若い頃に参加したコンクールで知己を得て、以来ずっと父親のように慕ってきました。

そうそう、彼もまた、料理人との関係で悩んだことがあったそうです。ヌーヴェル・キュイジーヌ誕生の隠れた理由を知っていますか？　ドラヴェーヌ氏や私が、パティシエにも料理人と同じくらいすばらしい料理ができるというのを見せてやろう！　と奮起した。これも、誕生のきっかけの一つだったのですよ（笑）。

――修業の心得を教えてください。

他人から多くのことを学ぶのは大切です。でも、ある日、他人の考えを真似ることをやめなくてはいけない日が来ます。唯一無二の自分らしさを探し、自分の〝クラシック〟を作り出さねばならなくなる。修業はそのための準備期間なのです。

もちろん、自分の料理を作るのは独学でだって可能です。ミシェル・ブラス、オリヴィエ・ロランジェ、ミシェル・トラマたちは、みな独学。文学の世界では、シェイクスピアだって独学です。これもまた、すばらしいことです。人間は、意志、喜び、熱中を持っていれば、自身の力によって自己を確立できるのですよ。そのためには、先にも言いましたが、本はなるべく多く読むべきです。

――その後、独立を。

クリヨンを辞めた後も自由な環境で料理の創作をしていたのですが、両親に嘆かれたのです。息子ときたら、結婚もしないし、自分の店も持たない、と。結婚はデリケートで危険なテーマですから(笑)、まずは独立を、とパリ郊外にあったカフェを買い、1965年、32歳の時に「ポ・ト・フ」をオープンしました。小さなテーブルをぎゅうぎゅうに詰めた30席の店。1年目は経営が本当に大変で、テーブルに飾る花を買うお金もなくて野原の花を摘んで来たり……。そんな悲惨な時にドラヴェーヌ氏がやってきて、こう言ったのです。

「ミシェル、好きな料理をやれ！」

そこからすべてが変わりました。当時のパリを席巻していたエスコフィエ風の料理を捨て、フォワグラを使った「サラダ・グルマンド」など、自分で考えた料理を出そう、と。後に私の代表作と言われることになるこのサラダは、普通のヴィネグレットはおいしくないな、と思ったのが発想の源でした。ヴィネグレットよりもいい味がする油脂で、よりおいしく味つけできないか——そう考え、フォワグラを使うことを思いついたのです。

やがて多くのお客さまが店に訪れるようになり、'71年には二ツ星を獲りました。当時、私の料理はパリで活躍する古い体質の料理人たちをかなりイライラさせ、批判を浴びました。彼らには理解できない新しい料理だったから。でも、同時に、友人たちの応援もありました。ポール・ボキューズ、ピエール・トロワグロらが、親身になって私を応援してくれたのは、本当にありがたかったですね。

——高い名声を得る中、'74年に南西部のウジェニー・レ・バンへ、活躍の場を移したのですね。

ここは妻の故郷で、彼女はもともと父親が全国に展開していた温泉療養施設のうち、この地にあった一軒の経営を手伝っていたのです。「ポ・ト・フ」が手狭になった時、新しい店を最初はパリで探しました。当時三ツ星だった「ラペルーズ」や、「ローラン」「マキシム」などの話もあったのですが、いずれもうまくまとまらず。そうこうしているうちに、妻の故郷もいいのでは？　と思うようになったんですね。「パリで勝負したい」という気持ちももちろんありましたが、これも運命、と。結果的には大成功でした。ここに来たからこそ、その後の「キュイジーヌ・サンテ（健康料理）」のアイデアが生まれたのですから。

——あなたの名声を不動のものとした健康のための料理は、どのような発想から生まれたのですか？

療養施設に来ている人たちが味気ないニンジンのサラダを食べているのを見て、もっとおいしく痩せられる料理があってもいいじゃないか、と思うようになったのです。ガストロノミー料理を提供するのと並行してキュイジーヌ・サンテの研究も進め、栄養士たちの協力を得ながら、おいしくて食べる喜びのあるヘルシーな料理を提案してきました。

2013年には、敷地内にキュイジーヌ・サンテの学校もオープンしたんですよ。2008年に厚生大臣に設立を提案し、5年越しで準備を進めてきました。対象は、病院や学校に勤務する料理人や、この分野に興味がある一般の料理人。キュイジーヌ・サンテの啓蒙は、最終的に国の経済効果につながります。なぜなら肥満やメタボリック・シンドローム、心臓病などの疾患が減り、保健医療費の支出も減るのですから。昔からぜひ実現したいと願っていた、フランス初、おそらく世界でも初めての健康料理学校。これから世界に輸出したいプロジェクトです。

皿の上に、食材の魅力がごく自然に表現される料理をめざしてほしい

——料理人という職業をどうとらえてきましたか？

作曲家のように、〝クリエイション〟に従事できる興味深い職業です。フランス革命後に街場のレストランが生まれ、料理人の活躍が本格的にはじまりました。料理人のパトロンからの「独立」ですね。その時に、既存の肉屋や惣菜店との競争が生まれた。結果、自身の職業と存在意義を守るために、クリエイションの必要性が生まれたのです。

そして、クリエイションは〝モード〟を生みます。ヌーヴェル・キュイジーヌもそうでしたし、分子美食学もそうですね。ただしどんなモードであれ、料理の本質は「食材」「加熱」「味つけ」の3点。その点をわきまえさえすれば、自分自身の生きている証を創造できる、すばらしい職業ですよ。

何より、人に食事を提供するというのは愛の行為で

1 本館のダイニングは2つの大きなサロンからなる。暖炉には火が灯り、温かな雰囲気を演出する。2 食前酒や食後酒を楽しむサロン。ダイニングと別にゆったりしたサロンを設けるのは、パリのレストランではなかなか叶えられない田舎ならではの贅沢。

あり、喜びを与えること。そのお返しとして、賛辞を得、自尊心が満たされ、また喜びを受け取ります。本当に稀有で魅力的な職業です！

――本質を守ると同時にクリエイティヴでもあるには、どうすればよいのでしょうか？

大切なのは、好奇心だと思います。加えて自己表現をしたい、という欲求。もちろん、むやみやたらと自分を押しつけるのはダメですよ。今はもちろん、ヌーヴェル・キュイジーヌの頃も、押しつけがましいというか自分勝手な料理もありましたね（笑）。流行が起こる時、いいものと同時に変なものも出てきてしまうのは、世の常です。

次に、食材を自分に合わせるのではなく、自分を食材に合わせるということ。料理の才能があるのは大いに結構。しかし、その才能が食材の上に立ってしまってはいけない。料理人はあくまで陰の立役者であり、主役は食材なのだ、という意識を忘れるべきではありません。

それと、私は努力の跡が見える料理はあまり好きではありません。お客さまに、調理の手間や仕事の複雑さ、調理人の技術の高さを感じさせてしまうようではダメなのです。皿の上に、食材の魅力がごく自然に表現される料理をめざしてほしいですね。

そのためには、盲目の人のために料理を作る、ということを考えるといいでしょう。そうすれば、視覚的魅力が味覚的魅力を凌駕するという事態を防げます。味が見た目よりも大切なのはあたり前ですが、実際にはなかなか体感しづらいこと。目を瞑って食べてみてください。より、味覚をピュアに意識し、そのおいしさを的確に判断できるはずです。

――フランス料理界の現状を、どう思いますか？

フランス料理は、常に外国の文化を吸収しながら発展してきました。だからこそ、常に若々しくいられるのです。今もそう。〝フランス料理は死んだ〟なんて書いたマスコミもありましたけれど（笑）、私はまったくそうは思いません。

今、しみじみ思うのは、すばらしい人たちとの出会いが多くあって私の料理人人生は本当に幸せだった、ということ。他人の個性を認めて刺激を受け、自分の個性を発展させ、そこに自然と友情が生まれました。今は料理人の間でより強い競争関係があり、それぞれの自尊心がちょっと強すぎるのかな、と感じることもあります。

まあ、昔はいい時代だったのでしょうね。料理人の数も少なかったし、経済状態も悪くなかったし。ただ、一方で今ほど料理人の価値が正当に認められている時代は、かつてありませんでした。喜ばしい限りです。

残念なのは、政治家が国民から「贅沢だ！」と非難されるのを恐れて高級レストランに訪れなくなったこと。とても大きな過ちだと思います。ガストロノミーの料理は、手仕事の価値を現在に伝え、フランスの食文化を発展させるすばらしい伝統ですし、海外からの観光客誘致にも貢献しているのですから。エルメスやルイ・ヴィトンを見れば明らかなように、リュクス（ラグジュアリー）市場はフランス経済を支える柱の一つなのです。

私は、大統領が官邸に外国からのＶＩＰを招いて晩餐会をする時には地方のグランシェフを呼ぶべきだ、と常々考えています。フランスが誇る最高の料理と地方の魅力を披露でき、とてもいい外交になると思うのですが……いや、話がそれましたね（笑）。

――若い料理人たちにひと言お願いします。

人生は、穏やかな川ではない。ありがたいことに、ね。飽きずにすみますから（笑）。私の座右の銘は、「夢の中では、誰にも遅れをとっていてはいけない」です。夢は常に大きく描き、ある日、時が訪れたら、夢を実現するために道を踏み出す勇気を持ちましょう。同時に、自分の中に〝生きる喜び〟を持つように。多くの本を読み、興味を持ち、感情の襞を深くする。無気力、無感覚は絶対にいけません。

本館ダイニングの厨房。一般的な調理機器の他に大きな暖炉もあり、薪調理も行なわれる。手前がデシャップで、ここにゲラール氏と、氏の右腕のシェフが立つ。

#02

Michel Rostang《ミシェル・ロスタン》

ミシェル・ロスタン

1948年ローヌ＝アルプ地方生まれ。料理学校卒業後、「ルカ・カルトン」「ラセール」「ラ・マレ」（すべてパリ）などで修業。'73年、家族が経営していた「ロスタン」（ローヌ＝アルプ地方）を引き継ぎ、それまで獲得していた二ツ星を、'78年に移転するまで維持。同年パリに移り、「ミシェル・ロスタン」をオープン。'80年から二ツ星。

＊取材は2013年12月。情報もその時のもの

五代続く料理人一家に生まれたミシェル・ロスタン氏。ミシュラン二ツ星を獲得した祖父、三ツ星に輝いた父を持ち、自らも二ツ星を30年以上守る。

食材に対する並々ならぬ愛情と深い知識を持ち、生産者とのつながりを大切にする氏が、極上の食材を使って披露するのは、正統派のフランス料理。時間をかけて作り上げる香り高いソースに彩られて、秋にはジビエ、冬には黒トリュフ料理が勢揃いし、これを食べずして冬を越せない、という常連客も多い。

カジュアル店の展開も積極的に行ない、今でこそ一般的になった〝グランシェフによるビストロ〟というジャンルの先駆者。1980年代以降、米国や日本など世界中でフランス料理を啓蒙し、フランス料理の魅力を世界レベルで浸透させた立役者の1人でもある。

パリ17区、凱旋門に程近い閑静な住宅地に、1978年にオープンした「ミシェル・ロスタン」。オープン当初は今の半分ほどの規模で、25席の小さな店だった。その後、隣接する物件を買い取り、客席も厨房も改装・拡大して現在に至る。

ロスタン氏がコレクションしているさまざまなアンティークが飾られた店内は、昔ながらのグラン・メゾンの雰囲気を残した、上品で落ち着いた空間。サービス面でも古きよき時代の魅力を大切に継承しており、スペシャリテのクネルやシタビラメのムニエルはゲリドンサービスで提供。客席を華やかに、香り高く盛り上げる。

＊

――代々続く料理人一家の出身ですね。

1948年、ローヌ＝アルプ地方のイゼールで生まれました。ひいひいおじいさんの代から続く、料理人一家の五代目です。祖父は、'50年代に同じ地方のアヌシーでミシュラン二ツ星を獲っていました。父もグルノーブル近郊で活躍後、コート・ダジュール地方のアンティーブに移り、三ツ星を得ました。

こんな環境に生まれ育ったので、あたりまえのように

「料理人になりたい」と思うようになりました。当時は、今ほど情報量も多くなければ交通の便もよくはない。田舎に住んでいて、家がレストランで……他の道は考えすらしませんでした。ごく小さな頃から、日曜日には厨房に入って手伝いをしたものです。お気に入りのセクション？　もちろんパティスリー。お菓子の味見ができましたからね（笑）。

ニースの料理学校を卒業後、'67年から修業がはじまりました。当時はヌーヴェル・キュイジーヌの立役者がまだ表舞台に登場しておらず、エスコフィエの時代の面影を濃く残したフランス料理を華やかに出す、グランメゾンが台頭していた時期。私もそうした店にあこがれて、パリに出て「ルカ・カルトン」「ラセール」「ラ・マレ」、そしてビアリッツの「ラポルト」といった名店をまわりました。

――修業期間中、印象に残ったシェフはいますか？

それが、とくにいなかったのです。というのは、当時のグラン・メゾンはシェフが経営するものではなく、パトロン（オーナー）が経営するのが主流で、彼らがレストランの顔でしたから。だから、印象に残っているのはパトロンなのです。「ラセール」のルネ・ラセール、「ラ・トゥール・ダルジャン」のクロード・テライユ、「ラ・マレ」のマルセル・トロンピエ……。彼らはそれぞれ、強い個性を放ちながら、自分の店のスタイルを作り上げていました。

とりわけ、ラセール氏のマーケティングやショービズムのセンスは見事でした。想像してみてください……レストランの客席の天井が開閉し、極上の料理を食べながらパリの青空を楽しめるんですよ！　客席フロアも段違いの構成にして、劇場的な効果を生み出していました。とてもアヴァンギャルドで、「レストラン」のイメージを変えた人物ですね。

――その後、あなたは独立を？

最初は、郷里のグルノーブル近郊で家族が経営していた二ツ星店を引き継ぐ形で独立しました。しかし、田舎でレストラン・ビジネスを発展させるのは難しかった。

1 オフィスには、オープンしたての頃の店内の写真や、20年ほど前のスタッフ集合写真、高名な料理人だった父、ジョー氏とともに写した写真など、ロスタン氏の料理人人生を物語る資料が大切に保管されている。2 若い頃、古い料理本のコレクションをしていたというロスタン氏。最初に手に入れたのが、写真のジョゼフ・ファーヴルによる「実用料理百科」。高価でお金が足りず、父親に援助してもらって手に入れた。コレクションは売却したが、これだけは手元に残したという思い出の一冊。3 本店横にあるロスタン氏による1軒目のビストロ。アンティークのオブジェや陶器、ミシュランガイドのコレクションなどが並び、かわいらしさとノスタルジックな雰囲気を併せ持つ。

このままここにいても未来がないと思い、パリで勝負することにしたのです。'78年、30歳の時に今の場所に「ミシェル・ロスタン」をオープンしました。当時は今のメインダイニングだけの広さで、25席の小さな店でした。

——オープンから2年後に二ツ星を取り戻し、順調なスタートでしたね。

グルノーブルでの評判も役立ちましたし、当時は今よりも料理界全体が〝楽〟に評価を受けられる時代だったのだと思います。新聞などでちょっと紹介されたら、その直後から半年間は満席が続く、という感じでしたから。情報源が限られていたぶん、プレスの力が強かったんでしょう。当時は、アラン・サンドランスやミシェル・ゲラールがヌーヴェル・キュイジーヌを掲げて登場し、その後を追うようにアラン・デュトゥルニエ（カレ・デ・フイヤン）やジェラール・ベッソン（ジェラール・ベッソン）など、私と同世代の若くやる気のある料理人が出てきたタイミングでした。と言っても、勢いのある若手はごく少数。今とは大違いです。今は毎年のように多くのすばらしい修業を積んだ若い料理人が独立し、日本人をはじめ外国人もパリで勝負をかけています。競争相手が増えて、さらに経済的にもつらい時代。だからこそ、ビストロで独立するケースが多いのでしょうね。でも我々の時代は、「独立」と言えばまずは祝祭的な雰囲気のガストロノミーを指していたし、私もそうした店を開きたいと思っていたのです。

多店舗化によりポストを増やし、働き続けやすい環境を作る

——高級店で名声を得る一方で、あなたはグランシェフによるビストロ展開の先駆者でもあります。

'87年でしたか、店から1軒おいて隣の物件が空き、購入を勧められたのです。真横でなかったので本店の拡張には使えず、ならばビストロにしよう、と。それが今もある「ビストロ・ダ・コテ フロベール」です。星付きレストランのシェフがビストロを開くというのは、今でこそあたりまえですが当時としては先進的な試み。ですから

お客さまや同業者たちの反応がちょっと不安でしたが、すぐにいい感触を得られ、気のおけないビストロへの需要の高さを確信しました。

複数の店舗を展開するメリットは、高級店にめったに行く機会がないという人たちにも、その味と技術の一端を楽しんでもらえること。それにより、新たな顧客開拓につなげることができます。また、従業員に充実した仕事環境を提供できるようになったのも大きなことです。ポストが増えることで昇進の機会も増え、結果的に長年にわたって一緒に働きやすい環境が生まれます。育ったスタッフをそれぞれの店の責任者に据えて、共同経営者としてより高い意識を持って仕事に臨んでもらうこともできますしね。実際、今の本店の支配人は、20年以上前にビストロのスタッフとして働きはじめた人物ですよ。

経営者が環境を整えなければ、フランスではみな、自分のためにしか働きません。日本なら、従業員がすすんで会社のために働いてくれるでしょうけれど（笑）。店への忠誠心を育て、ガストロノミーレストランとしての質を保つという意味でも、ビストロ展開には大きなメリットを感じています。

――多くの日本人料理人が、あなたの店で修業をしていますね。

'90年代に東急ホテルグループのコンサルティングを依頼され、日本とのつながりが強くなりました。8年間ほど、毎年東急ホテルの料理人とサービスマンが当店に半年間研修に来ていましたね。

それ以外でも、初期の日本人修業者にカワサキ（「アラジン」川崎誠也氏）がいます。彼はうちで数年間働いて、フランスの王道のクラシック料理をしっかり会得した。ニューヨークでの仕事にも一緒に行ったりしましたね。彼が日本で今も活躍しているのはうれしい限りです。ミツ（「WAGYU TAKUMI」小西充氏）も香港で二ツ星店のシェフ？　すばらしいね！　彼らをはじめ、ここで修業をした後、あちらこちらで活躍している日本人たちは、私の誇りです。

日本人料理人は、本当にまじめで努力家。ここでしか学べない何か――フランスの仕事のやり方や料理に込められた精神など――を感じ取り、日本に帰った時に、それを料理の中で表現してくれるとうれしいですね。

――40年以上にわたる料理人人生で、料理から何を得ましたか?

なんといっても、魅力的な食材と出会う喜びです。私は食材に強い愛着を持っていて、よい食材を探すのに手間を惜しみません。25年ほど前から、毎年冬になるとプロヴァンス地方の黒トリュフの産地まで何度も足を伸ばしていますし、ブレス鶏もランジス市場で仕入れるのではなく、生産者のところまで赴いて選びます。パリのレストランとしてはめずらしく、淡水魚もレマン湖の漁師から毎週仕入れているのですが、店の料理人を連れて漁師を訪ね、一緒に舟に乗せてもらったりもするんですよ。なぜそんなことをするかというと、私と生産者たちとの間には仲間意識、いや、それを超えた「共犯意識」にも近い連帯感があると感じているから。ものすごい情熱を持って仕事に取り組む彼らとともにすごす時間は、私にとって常に大きな喜びです。料理ははじめに食材ありき。よりよい料理をめざすのなら、料理人にもよりよい食材を探す努力が必要不可欠です。

――よい料理人であるために大切なことは?

「味」がわかること。そのために、料理を愛し、食べるという行為が好きなこと。技術も必要ですが、まずは食べることが大好きで、いつも味見をしていないとね。今の料理人たちはあまり味見をしないでしょう? 何度も何度も味見をし、自分の味覚を鍛え、おいしさのポイントを舌に覚えこませることがとても大切なのに……。私はいつもスタッフに、口をすっぱくして「味見をしろ!」と言っていますし、自ら率先して手本を見せていますよ(笑)。

次々にモードが生まれるからこそ、フランス料理は生き続けられる

――ご自身は、料理界にどう貢献してきたと思いますか?

フランス料理の価値を世界に広めるのに貢献できたのではないでしょうか。'80年代にはロサンゼルスに友人たちとレストランをオープンさせ、ニューヨークのホテル「プラザ・アテネ」のレストランにも関与して、年に15回ほども米国に通った頃もありました。先ほど話したように東急ホテルとの提携もありましたし、台湾などアジアの国でのイベント活動も行ない、フランス料理を世界中で啓蒙してきました。

今でこそフランス料理は世界中で評価されています。でも'80年代は、どこに行ってもイタリア料理の人気が圧倒的でした。イタリアは外国に渡った移民が多く、各国でカジュアルなイタリア料理文化が花開いたのですね。といっても、本来のマンマの料理ではなく、ピッツァやパスタというごく一部のジャンルでしたけれど。ニューヨークはその典型ですから、高級で堅苦しいイメージがあるフランス料理を浸透させるのには苦労しました。それが今はどうですか、ニューヨークの街には高級フランス料理店が立ち並んでいるし、フランスに修業に来る米国人の多いことといったら！　今や、世界中でフランス料理がごく自然に受け入れられている。うれしいことです。

――今のフランス料理をどう思いますか？

フランス料理の立場は悪くないと思いますよ。時代によって流行り廃りはあります。ヌーヴェル・キュイジーヌ、分子美食学、日本や北欧からの影響……。ただ、新しい流行が登場してそちらに傾倒しても、行きすぎた段階で必ず正道に戻ろうとする力が働きます。それは、伝統料理の基本概念が確立されているから。これこそが、フランス料理の強みです。たまには、行きすぎた流行があるのも悪いことではないと思いますよ。これでいいのだろうか？　こうしたらどうなるんだろうか？　と考える機会を与えてくれ、頭を活性化させてくれますから。

フランスでは労働時間が短くなり、若い世代の料理人が努力をしなくなった、という意見もありますが、そんなこともないと思います。どの職業、どの時代にも共通しますが、ある人は楽な道を選ぶし、ある人は努

1 凱旋門から近い場所に1978年から看板を掲げる。2 20世紀初頭に製作された「ロブジュ」と呼ばれる陶器のコレクションが店内を飾る。3 クラシックなエレガンスが漂う店内。古きよき時代のレストランの魅力が残る。

毎日昼の営業前に、本店で家族揃って昼食をとるのがロスタン家の習慣。夫人は本店のマダムとして活躍し、２人の娘も、ビストロを中心に各店の経営を担う。六代にわたり家族経営の精神が代々受け継がれている。

（「ミシェル・ロスタン」は閉店。現在は数軒のビストロやレストランコンサルティングを手がけている）

力を惜しまず厳しい道を選びます。そして、努力は確実に結果に反映します。

加工製品が増えたことで、レストランを名乗りながらもでき合いの品を買ってきて、皿に盛りつけて提供するケースも数年来問題になっていました。しかしこれも、ちょうど先日、新しい法律が可決され、改善に向かっています。この法律は、メニューの料理名に「自家製」を保証するマークを明示するというものです。これにより、自家製料理を提供していなかった店は考え直すでしょうし、消費者の意識も高くなり、結果としてフランス料理の価値のさらなる引き上げにつながるはずです。

フランス料理は今後も、これまで通り発展し続けていくでしょう。つまり、時々モードが発生し、一世を風靡する。その中でいいものだけを取り出し、クラシックに組み込む。そしてまた別のモードが生まれる……。そのようにして何十年、何百年もの間、発展を続けてきたのですから。モードが生まれず、新しいものが誕生しなくなったら、それはもう生ではなく死です。次々に新しいものが出てくるからこそ、フランス料理は生き続けられるのです。

――若い料理人へのアドバイスをお願いします。

中等教育をおろそかにしないように。昔の料理界には、他に何もできないから仕方なく料理人になった、という意識を持つ人が残っていましたが、今は違います。なりたくて選ぶ職業になりました。好きで選んだ職業で成功するためには、教養を磨くのは大切なことだと思います。

そして修業の初期に、クラシックの技術をみっちり学ぶこと。ピアニストも、クラシックで地味な技術をくり返し練習しないと曲芸的演奏はできないでしょう？料理も同じです。それから、世界中を旅行することも大切だと思います。異なる文化に触れて、学校やレストランでは教えてもらえない何かを感じ取る。旅で得た自分の感覚や思いを、厨房で学んだ技術と融合させていく。そうして初めて、自分自身の料理と巡り合えるのではないかと思います。

#03

ギィ・マルタン
Guy Martin

ル・グラン・ヴェフール

1957年ローヌ＝アルプ地方サヴォア生まれ。高校中退後、地元のピッツェリアで働きながら独学でフランス料理を学習。「シャトー・クドレ」（ローヌ＝アルプ）のシェフを経て、'84年に「シャトー・ド・ディヴォンヌ」（同）のシェフに就任。'90年にミシュラン二ツ星。'91年パリに移り、「ル・グラン・ヴェフール」のシェフに。2000〜'07年まで三ツ星。'11年より同店オーナーシェフ。「クリスタルルーム」、「ギィ・マルタン イタリア」（ともにパリ）などのレストランと料理学校も手掛け、著書も多数。子供の味覚教育にも尽力する。

＊取材は2014年１月。情報もその時のもの

アルプスの山々が連なる山村に生まれ育ち、料理とまったく無縁の生活を送ってきたギィ・マルタン氏。将来は山岳ガイドかスキー指導員になろうと思っていた青年は、一冊の料理書をきっかけに、フランス料理に興味を持つようになった。

独学の後、23歳で地元のホテル・レストランのシェフに抜擢され、快進撃がスタート。1991年、パリの名店「ル・グラン・ヴェフール」のシェフに就任し、2000年に三ツ星を獲得（'08年から二ツ星）。独学料理人ならではの自由な感性を持つと同時に、厳しい自己評価を怠らず、常に謙虚な姿勢で料理に臨んできた。今も料理と自身の発展を模索し、さらなる高みをめざす氏は、子供の食育や書籍・料理学校を通じての技術継承にも力を入れ、フランス料理の発展に寄与し続けている。

17世紀に建築された、パリの中心にあるパレ・ロワイヤル。緑豊かな公園を囲むように瀟洒な建物が建てられ、王侯貴族の館として利用された後、地上階部分は商店に貸し出されるように。やがてここは、18世紀後半のフランス革命勃発の地となる。「ル・グラン・ヴェフール」の場所に、前身の「カフェ・ド・シャルトル」が誕生したのは1784年。革命期のシックなカフェはやがて「ヴェフール」と名を変え、ヴィクトル・ユゴーやコレットが集うレストランに。20世紀中旬には巨匠、レイモン・オリヴェの手によりフランスが世界に誇る名店としての地位を確立し、マリア・カラス、アンドレ・マルローら各界の名士がこぞって訪れた。

＊

——出身は、フレンチアルプスの山々が連なる、ローヌ＝アルプ地方のサヴォアですね。

はい。マルタン家は、15世紀にまでその歴史をたどることができるサヴォア人です。サヴォアは今でこそフランス領ですが、イタリアやサルデーニャ領だったことも

1・2 サロンのベンチシートには、その席を愛した著名人のネームプレートがはめ込まれている。ヴィクトル・ユゴー、ジョルジュ・サンド、エミール・ゾラ、マリア・カラス……。彼らはここに誰と訪れ、何を食べたのだろうか。3 19世紀、「ヴェフール」時代のメニュー表。ポタージュ、オードヴル、牛、家禽、仔牛、アントルメ、デセールなどの項目からなり、100種近くもの品が用意されていた。

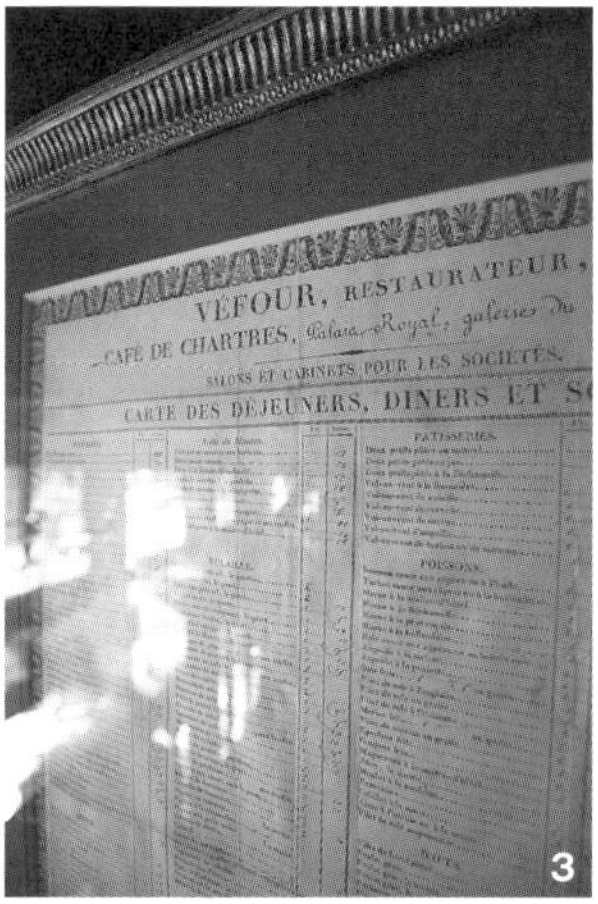

あり、さらにその前はサヴォイア公国という独立国でした。我々サヴォア人にとっては、山のすぐ向こうのイタリアのほうがフランスより身近に感じるくらいです。

代々、標高450mくらいの山の村に住み、夏の3〜4ヵ月間は牛たちとともに山を登り、標高2000mくらいにある牧草地の山小屋で暮らすのがサヴォア人の習慣でした。私も、子供の頃は年にひと月だけ、祖母と2人で山暮らしをしていました。15㎡の広さしかない山小屋の、半分くらいのスペースにキッチン、居間、食堂、シャワー、ベッドが入っていて、もう半分は牛や豚など家畜用のスペースなんです。ベッドも一つ。祖母と一緒に寝るか、家畜スペースの上階に藁がたくさん積んであったので、干草のベッドで寝るか……。そうです、日本のアニメ『アルプスの少女ハイジ』の世界です（笑）。朝は4時か5時に起きて乳搾り。搾りたてのミルクとパンの朝食を済ませたら牛を追って山に登り、夕方まで牛とすごしながら岩登りをしたり。夕方に山小屋に戻ったらまた乳を搾り、バターや

1996年からスタートした著作活動。ここ数年は、年に2～3冊のハイペースで出版している。右は、2013年秋に出した『ル・グラン・ヴェフール』。50ほどのレシピと多くの写真からなる大作。

クリームを作って、パンと牛乳で夕ご飯を食べて寝る。そんな生活を送りました。

この頃の生活の基本は、〝季節〟とともに生きることでした。山では、自然とそれを余儀なくされます。私が今、生産者たちと話す時に彼らの季節のリズムを実感し、理解でき、彼らと同じ視線で食材を語れるのは、この頃の山暮らしのおかげです。

山で1人ですごす時間が長かったからか、今でも自然に囲まれていると心が和みます。後年、日本で初めて石庭を訪れた時に、子供の頃の夏の体験が脳裏をよぎり、驚きました。自然の中に魂を感じた幼児体験を、遠く日本で再び味わったのですから。これまでいろいろな国に行きましたが、日本ほどサヴォアとの共通性を見出した国はありませんでしたね。

独学料理人の自由さもプレッシャーも受け入れて、名レストランを率いる

――料理への情熱はどのように生まれたのですか？

子供の頃は将来も山で生きようと思っていたので、山岳ガイドやスキー指導員になる勉強をしていました。料理に興味を覚えたのは母の影響です。母は、それはすばらしい家庭料理人だったのです。毎日、昼夜の食事に、それぞれ違う2種類の野菜料理が出てきたりして……。そのおかげで、私も料理はできませんでしたが味覚が研ぎ澄まされていきました。何がおいしくて何がまずいかが判断できる、というのは、料理人にとって大きな武器ですよね。

とはいえまだ料理への情熱は生まれず、青年期に興味を持ったのは、クロード・モネの絵とローリング・ストーンズの音楽でした。「オレはミック・ジャガーみたいになるんだ！」と、仲間とバンドを作りましたよ。でももちろん、挫折しました（笑）。

16歳で学校を辞めてしまい、働かなくては、と地元のピッツェリアに入りました。私は昔から、やるなら徹底的によいものを作りたい質なので、ピッツァの質をとことんまで追求しました。小さな製粉所に特別に粉を挽いてもらい、トマトソースも1日かけてじっくり煮込んだ自家製で、理想の味を出すべくオリーブオイルの味比べをし、ハーブもフレッシュなものを……と。それをパトロンに試食してもらい、少人数で質の高いピッツァを出すには限界があるから、とメニューも4種しか載せないよう説得したりしました。

いつかは大学に行きたいとも思っていたので、働きながら通信教育で大学入学資格を取り、本をたくさん読みました。そんな時、出会ったのがアンリ・バビンスキーの『アリ・バブ　ガストロノミーの実践』という料理書です。クラシックなフランス料理が写真入りで掲載されていて、すごい！　こんな料理を作ってみたい！　と、小さなアパートの台所で載っている料理を片っ端から作りました。この経験が、本当の意味で私を料理界に導いてくれました。

――料理人としてのキャリアは、そこからはじまったのですね。

はい。だから、私は誰にも料理を教わったことがない、独学料理人ということになります。独学のよいところは常識にとらわれない自由さにありますが、技術がないという欠点もある。1980年、23歳の時に料理人の友人を介して、「シャトー・クドレ」というレマン湖畔のジャトー・ホテルのシェフになったのですが、一つひとつの料理を作るのにも手際が悪かったりして、本当に長時間働きました。今も覚えていますが、オープンから半年間、夜に遊びに出かけたのは1日だけ。後はもう、昼も夜もひたすら料理をしていました。先ほども言いましたが、やるからにはとことんやる。そして、やるからにはよりよいものを作りたい、という性格なのです。

——どのような経緯でル・グラン・ヴェフールに?

シャトー・クドレの後、'84年にジュネーヴ近郊の「シャトー・ド・ディヴォンヌ」のディレクターシェフに就任しました。就任の翌年ミシュラン一ツ星、'90年には二ツ星に。そんな折、ル・グラン・ヴェフールのオーナーだったテタンジェ・グループのジャン・テタンジェ氏が何度か食べに来て、私の料理を気に入ってくれたのです。で、ある日、「ヴェフールのシェフにならないか」と連絡が。正直、乗り気ではありませんでした。サヴォアの空気が性に合っていて、パリに行ったら登山やスキーが恋しくなると思いましたし。それでも一応、礼儀上会いには行こう、とパリに出向いたのが'91年の春。すると店の前に広がるパレ・ロワイヤルの木々は緑に輝き、小鳥は高らかに歌い……。パリなのにここには自然があるなあ、と思いながらヴェフールの扉を開け、その空間をひと目見た瞬間に恋に落ちて、「ウィ」と答えてしまいました（笑）。

料理界に名を残した大シェフ、レイモン・オリヴェが活躍した名店のシェフに、独学で料理を学んだ地方出身の料理人である私が就任する——最初は気負いがありましたが、ある日ポール・ボキューズが食事に来て、言葉をかけてくれました。「レイモンが37年半も君臨した店の、君はすばらしい後継者だ」と。感動し、自信にもなりましたね。

――料理スタイルは、サヴォアからパリに移って変わりましたか?

サヴォアにいる頃から私の料理はモダンな要素が多いものでしたから、大きな変化はなかったと思います。ただしパリでは、フランス中から集まるすばらしい食材が手に入ります。それらを存分に活用しつつ、家禽やチーズ、淡水魚などはサヴォアから仕入れ続け、サヴォア人としての魂を忘れないようにしてきました。

そもそも、料理というものは、ある形に固まり続けるようなものではありません。食材を手に取り、どう皿の上に表現するかを考える……そのアイデアは、天から自然に降ってくるのです。そして自身の成長に合わせて、料理も少しずつ変化を遂げるものではないでしょうか。

私は、レストランの料理人は、食材に敬意を払うだけではなく、そこにプラスアルファの魅力を加えるのが仕事だと思っています。お客さまは料理人に、自分の家では実現できない料理を求めているのですから。

そのプラスアルファを演出するのに役立ったのが、ずっと好きだった音楽と絵画です。この2つのアートは、私にタブーをなくすことを教えてくれました。どんなスタイルであれ、受け手の心に響けばそれでいいのだ、と。料理も同じです。おいしいかおいしくないか、大切なのはそれだけ。そして、おいしい料理を作るためには、常にチャレンジしていく精神が必要です。その結果できた料理が好まれるか好まれないかはゲストの嗜好によるし、100%受け入れられるなんてことはありえない。その事実を受け入れてこそ初めて、自分自身の料理というものが確立されるのだと思います。

料理の歴史を発展させ続けるためによりよい料理を作り、広く伝達する

――〝今年のシェフ〟など多くの賞を得て、2000年には三ツ星を獲得し、料理界の頂点に立ちました。

高い評価を得るのは、もちろんうれしいことです。でも、そのたびに少し後ろに下がって自分を見直すよ

う心がけていました。一ツ星を獲ったのは27歳の時で、当時としてはかなり若いほう。星を得て鼻高々になるのは簡単ですが、それは私の人生ではありません。私の人生は、よい食材を得てそれに手を加えて料理に仕立てること。そしてゲストに喜びを与えること。何より大切なことは、誠実であることです。自分自身にも、ゲストに対しても、そして食材に対しても。ガイドブックで高い評価を得るより、道ですれ違った人に、「昨日あなたのところで食事をしたけれど、本当にすばらしかった、ありがとう」と、握手を求められるほうがずっと幸せです。

自分自身がより向上し、よりよい料理を作る。そして、周りの人々によりよい影響を与えるために、自分には何ができるか？　私はいつもこれらのことを考えてきました。その結果、生産者やゲスト、店の仲間はもちろん、慈善イベントや料理フェア、講習などを通しても、本当にすばらしい出会いに恵まれてきたのです。

――料理界にどう貢献してきたと思いますか？

そうですね。本は今までに24冊出しました。本への取組みは、〝伝達したい〟という情熱から来ています。私の本の多くは、難しすぎないルセットで、主婦に日々の料理のアイデアを与えたり、気軽に料理を楽しんでもらえるようなもの。自分が持っている知識を多くの人に役立ててほしいのです。

料理学校を作ったのも、30年ほど続けている子供たちへの味覚教育も、これと同じ考えからです。料理を受け継ぐには伝達されることが不可欠ですし、人々もそれを欲していると思います。自分が学んだことは自分の中だけにとどめず、他人に分け与えなくてはいけない。そうやって、料理の歴史は発展してきたし、これからも発展し続けていくのです。

――来日も多く、日本とのつながりが深いですね。

日本との関係は、すばらしいものです。初めて訪れたのは、もう30年近く前。昔は年に3回も日本に行っていましたし、今も年に1度は必ず行っています。'05年に開かれた「愛・地球博」ではフランス館のシェフ

1 店へのエントランス。2 美術館にいるかのような、美しい内装のサロン。昼時には窓越しに陽光が差し込み、客席にさらなる輝きを与える。3 上階の個室の壁にはマルタン氏が収集したコクトーやデュビュッフェら、「ル・グラン・ヴェフール」の常連だった芸術家の作品が飾られ、豪華絢爛な地上階とはまた異なる雰囲気。

公園を囲むようにして瀟洒な建物が連なるパリ1区、パレ・ロワイヤルの一隅に建つ。建物は歴史的建造物に指定されており、外観にはこの店の前身である「カフェ・ド・シャルトル」や「ヴェフール」の看板が今も残る。

として当時のシラク大統領をもてなすなど、貴重な経験をたくさんさせてもらいました。

——若手料理人に成功の秘訣を教えるなら？

君の夢を生きなさい！　これに尽きますね。夢はなんですか？　ニューヨークで働くこと？　東京の最高のホテルでシェフになること？　豪華客船の料理人？　ビストロを開きたい？　大統領の料理人？　なんでもいい、まずは夢を決めることです。後は、その夢にたどり着くために必死で働きましょう。そうすれば、夢は必ず叶う。それが料理の世界なのです。

たとえば、銀行に入って「将来、頭取になりたい！」と言ってもかなり難しいですよね。F1ドライバーになりたい、と思ってもシューマッハにはなれないし、普通はその世界に入ることすらできません。でも、料理の世界は誰にでもドアが開かれているし、夢を叶えるチャンスが非常に大きい。こんな職業、めったにあるものじゃないと思いますよ。そういう意味でも、料理人はすばらしい職業です。あなたの夢を生きるんです！　どうか信じてください、夢のために全力を尽くせば、それは必ず叶います。

——そのために、何が必要ですか？

味覚を理解し、その幅を広げること。生産者と交流すること。私は田舎で育ったので、幸いなことに自ずと食材のことも深く理解できるようになりましたが、都会育ちでは難しいかもしれません。ならばなおさら、料理人になってから、食材が生まれ育つ場所に身をおくことが必要でしょう。なぜ今年は3週間もポワローの収穫が遅れているんだろう？　なぜ今年は、鶏の肉質がいつもと違うの？　そういうことに疑問を持ち、理解しないと、根本的によい料理はできません。生産地まで行く時間がない？　時間は自分で作るものです。

#04

アラン・デュトゥルニエ
Alain Dutournier

カレ・デ・フイヤン

1949年フランス南西部ランド県生まれ。ホテル学校卒業後、モナコ、ドイツ、スウェーデンのレストランで働く。その後エール・フランスの飲食部門に勤め、世界各国をまわる。'73年、「オ・トゥルー・ガスコン」（パリ12区）をオープンし、'77年一ツ星、'82年二ツ星を獲得。'86年「カレ・デ・フイヤン」（同１区）をオープンし、二ツ星を維持。2003年と'13年にはパリにビストロとカジュアルレストランをオープンし、計４店を展開。'80年よりワインビジネスに参入し、パリ郊外でワイン販売店とセラーを運営する。

＊取材は2014年２月。情報もその時のもの

世界中を旅して異国の食文化に触れたい、と料理人を志したアラン・デュトゥルニエ氏。その夢を実現させ、世界各地の食文化の魅力を、ふるさとであるフランス南西部の料理に巧みに取り入れ、郷土色豊かながら氏の個性が際立つ、オリジナリティあふれる料理を作り上げた。ミシュランの星こそ1982年から二ツ星でとどまっているが、'90年代前後から毎年のように、「今年こそはデュトゥルニエが3つ目の星を獲得するだろう」と言われ続けてきた。パリに南西部料理を紹介した第一人者であり、パリの食通の間では、常にトップクラスのレストランとして「カレ・デ・フイヤン」の名が挙がる。料理はもちろんワインやアートにも造詣が深く、顧客である文化人との交流で磨かれた洞察力や哲学も、彼の魅力の一部だ。

パリの中心に位置する1区。高級宝飾店が建ち並ぶヴァンドーム広場とチュイルリー公園をつなぐカスティグリオーヌ通りの一隅に、「カレ・デ・フイヤン」がある。店の前に設置された巨大なワインボトルのオブジェが目印だ。

エントランスコーナーには何百本ものアルマニャックが並び、アラン・デュトゥルニエ氏の出身地であるフランス南西部を思い起こさせる。エントランスの奥は、さながら美術館。ロビーと3つに分かれたサロンには、氏が蒐集した現代アートがそこここに飾られ、食卓を独創的に演出している。ロビーのガラス窓越しに厨房の様子が見え、ゲストはテーブルに着く前に、南西部から運ばれた珠玉の食材が料理されていく様子を楽しむことができる。

＊

――フランス南西部の出身ですね。

1949年、ランド県の小さな村に生まれました。ガスコーニュと呼ばれる地域で、昔からの言語、ガスコーニュ語が残っています。私も、この言語を読んだり話したりできますよ。一時期は話す人も減りました

1 店はヴァンドーム広場からのびる、タイルが美しい瀟洒なアーケード街の一隅に位置する。通りに面した扉をくぐると巨大なワインボトルオブジェがあり、その奥がレストランになっている。2 上の写真は1974年、オープン２年目の「オ・トゥルー・ガスコン」にて。ニコル夫人と、稀少価値の高いアルマニャックとともに。下は'67年、トゥールーズのホテル学校卒業式の記念写真。

が、今では南西部の新聞の週末版にはガスコーニュ語のページもあります。

消えつつある言語を守るのは、その土地の文化を守るのと同義であり、とても大切なことです。規格化、統一化に対して、人は一生戦い続けていかなくてはいけない。これは、料理という文化についても言えることです。今、フランスの多くのレストランのテーブルには、ゲランド産のフルール・ド・セル、エスペレット産のトウガラシ、ボルディエ氏が作るバターが置かれています。まるで、これが統一規格であるかのように……。また、日本の食文化をフランス料理に取り入れるのも流行っていますね。我も我もと、柚子や出汁を料理に使っている。本当にその食材の価値や利用法を知ったうえで組み入れるならともかく、ただ単に流行だから使う、というケースが残念ながらとても多いのです。流行だから、と右に倣えで周囲と同一化してしまう。こういう現象は、非常に嘆かわしいと思っています。

レストランガイド「ゴー・ミヨ」の1982年版で高評価を得たシェフたちの、サッカー選手姿での記念写真。下段右端がデュトゥルニエ氏。ピエール・ガニェール、ジョエル・ロブション、ミシェル・ロスタン各氏らの姿も見える。

話がそれました（笑）。実家は小さなオーベルジュを営んでいました。父は代々続く大工の家系で、料理を作るのは母や祖母。私は小さな頃から木材よりも料理に興味があって、小麦粉を粘土のようにこねて遊んでいたくらいです。当時、田舎では料理は女の仕事、と思われていましたが、私は気にせず厨房に入り浸るような子供でした。野原の花を摘んでブーケを作って食堂に飾るのも大好きでしたっけ。

田舎の暮らしは気に入っていたものの、小さな村に一生住む気はありませんでした。世界を旅したい、という希望があったのです。が、家にはお金がないので両親を当てにできず。レストランは世界中にありますから、料理人になれば世界を旅行するチャンスがあるだろう、と15歳でトゥールーズのホテル学校に入り、3年間学びました。卒業後は、モナコ、ドイツ、スウェーデンのレストランで働き、兵役後はエール・フランスの飲食部門に就職。当初の目論見通り、ネパールや南米諸国など、さまざまな国を訪ねることができま

ダイニングルームを彩るアートの数々は「カレ・デ・フイヤン」の代名詞。写真は、空き缶を素材にしたレリーフ作品で知られる日本人アーティスト、稲葉猛氏の作品。

した。旅の魅力ですか？　異文化に触れること、ですね。外国の人々が何をどう食べているかに、私は興味があったのです。

――旅は料理スタイルに影響を与えましたか？

もちろんです。店で仔羊を粘土で包んで蒸し焼きにする料理を出していますが、これはネパールに行った時、鶏肉をバナナの葉と粘土で包んで焼く料理を食べた記憶から作り上げたレシピ。私はショウガの味が大好きで南西部特産のニンニクとともによく使いますが、これもネパールをはじめアジア諸国の料理に影響を受けているのだと思います。

凝固剤のアガーアガーと出会ったのは40年ほど前、スウェーデンでのことでした。ゼラチンとは異なるキレのある口溶けのよさが気に入り、以来使い続けています。当時のフランス人は、アガーアガーなんて誰も知りませんでした。ある時、食事に来たベルナール・ロワゾーが私の洋ナシのジュレをとても気に入ってくれたことがありました。「なんでこんな口あたりになるんだ？」と驚くベルナールに、「アガーアガーだよ」と答えると、「アガーアガー？　なんだそれは!?」。そういう時代だったのですよ（笑）。若い頃の旅行でいろいろな文化を実体験して学び、理解し、それが今の料理につながっている、としみじみ思います。

三ツ星に届かなかったことに後悔はない。挑戦しなければ、それこそが後悔になる

――独立したのは故郷ではなくパリでしたね。

'73年に、パリの町はずれに「オ・トゥルー・ガスコン」を開きました。父は実家に戻ってほしいと思っていたようですが、私は自分の使命はパリジャンに南西部の食文化の豊かさを伝えること、と感じていたのです。驚かれるかもしれませんが、当時、パリのレストランには南西部料理は存在しなかったのですよ。当時のグラン・レストランでは、エスコフィエの流れを汲む料理やリヨン風の料理が幅を利かせていました。南西部風にこんがりジューシーに焼いた乳飲み仔羊の背肉なんて、まずなかったのです。ガチョウのコンフィ、鴨の心臓のグリル、甘い緑ピーマンを使った料理なども皆無でしたね。ピーマンを使ったら、お客さまに「アラブ料理を食べに来たんじゃないぞ」と言われたことも。それほど、南西部料理はパリジャンにとってエキゾチックな料理でした。

幸いなことに店はオープン直後から注目され、あのレイモン・オリヴェも食べに来てくれました。牡蠣のクレピネット（豚の網脂）包みを出したところ、オリヴェにテーブルに呼ばれました。天下の巨匠にですよ！　こっちは足が震えてしまって（笑）。で、彼に言われたのです。「若いの、こいつはスゴイ。オレも牡蠣のクレピネット包みを作っているが、どうしても客に残されてしまうんだよ。オマエのこれは傑作だ！」。南西部では伝統的に、牡蠣をソーセージやクレピネットと合わせて食べるのですが、私はその料理をアレンジし、豚とリ・ド・ヴォー、トリュフを混ぜ、さらに牡蠣も中に入れてクレピネットで包み、表面をこんがり焼いて出していたのです。感動の極みでしたよ。

――パリジャンにとってエキゾチックな料理で、なぜすぐに高い評判を得られたのですか。

それは、まさに「他にはない料理」だったからでしょう。典型的な伝統料理に限らず、南西部の食材を使いながら独創性を加えた料理にも力を入れました。たとえば、特産のアンチョビーを亜硫酸紙の上に並べてさっと焼く。これを加熱したジャガイモの薄切りの上に重ねて、上からウニがたっぷり入ったヴィネグレットをかける。当時、パリではウニの人気はまったくなく、とても安い食材でした。ワインも、パリでは全然なじみのなかったマディランを積極的に出して、料理とのマリアージュを提案しました。当時のゲストはたっぷりの〝異国情緒〟を味わい、楽しんでくれたのだと思いますね。

――その後、'86年に「カレ・デ・フイヤン」をオープンします。いきさつを教えてください。

オ・トゥルー・ガスコンは'82年に二ツ星になりまし

た。でも、40席くらいで厨房もさほど広くない店ではそこが限界。三ツ星をめざすには、より高級感があり、快適な厨房環境を備えた店にする必要があったのです。そこでパリの中心でよい物件がないか、と探しました。レストランや高級食材店が軒を連ねるマドレーヌ広場にある「ルカ・カルトン」や、シャンゼリゼの「パヴィヨン」などを買い損ない、他の既存のレストランは条件が合わず……。で、商業施設だった今の場所を手に入れ、新たなレストランを作ったのです。オ・トゥルー・ガスコンは南西部料理に特化した店とし、新しく作ったカレ・デ・フィヤンでは、より個性的な料理作りをめざしました。

——三ツ星の獲得が目標だったのですね。

当時はそうでした。結局、三ツ星とは縁がないままですが、獲れなかったことを後悔はしていません。狙い、挑戦した結果ですから。人生においては、常に挑戦し続けなくてはいけない。挑戦しなければ、それこそが後悔になります。それに、ここだけの話——と言っても記事になるわけですが（笑）——私が三ツ星を獲れなかったのには理由があるのです。

当時、ミシュランのトップはベルナール・ネジュランでした。私は、彼のせいで三ツ星になれなかったのです。これは、彼が私に実際に言った言葉そのものです（笑）。彼は'80年代半ばから2000年までミシュランを取り仕切っていましたが、当時、マスコミとミシュランは一種の戦争状態にありました。つまり、毎年ミシュランの発表時期になると、マスコミは「なぜオリヴィエ・ロランジェ、ギィ・サヴォア、ミシェル・ロスタン、そしてアラン・デュトゥルニエが三ツ星にならないんだ？」とミシュランを糾弾し、ミシュランは「星を与えるのはジャーナリストではなくミシュランだ！」と言い返していた。ベルナールの引退後、10年くらい前でしょうか、彼と宴会の席で一緒になりました。その時、皆の前で彼が言ったのです。「私はミシュランのためにいろいろなよいことをしたが、一つだけ、馬鹿げたミスをしてしまった。それは、アランに三ツ星を与えなかったことだ。マスコミにいつも非難されたがために、あえて付けなかったんだ。後悔している」と。これが、私の幻の三ツ星物語です（笑）。

彼を非難する気はありません。人間というのは弱く、常に間違いを犯す生きものですから。それに私自身、今では三ツ星がもらえなくてもいい、たとえ一ツ星に落とされたとしても構わない、という心境なのです。自分自身がとても満たされていますし、充実していますから。ガイドブックの評価への興味には、もうずいぶん前にピリオドを打ちましたよ。

熟考し、試作を続け、自由な発想で、シンプルかつ個性的な料理を作る

――料理人として大切にしてきたことは？

若い頃からずっと、他人のコピーはしないこと、流行にとらわれないことを心がけてきました。そのうえで、格好よくてきれいな料理ではなく、シンプルだが、その裏に多大な研究と努力が宿っているような料理を作りたい、と常に思ってきました。マジシャンのような料理で驚きを表現することには興味がありません。自然な食材だけを使って、それをどう下ごしらえし、加熱すればお客さまに喜んでもらえるかを考える……。何が皿にのっているのかがすぐにわかるシンプルな料理が理想です。シンプルというのは実はいちばん複雑で難しいものですが、熟考し、試作を続け、たまに湧いてくる発想を大切に、シンプルかつ個性的な料理をめざすのです。

料理は歴史です。何百年という時間をかけて発展し続けてきた大きな歴史。そんな壮大な歴史の中の、ほんの数粒の砂になれれば、私は世界でいちばん幸せな男ですよ。そのためには才能が必要か？　それはわかりませんが、記憶力や想像力、そして何よりも味覚は、料理人として生きていくのに必要不可欠な要素だと思います。

――フランス料理の現状をどう思いますか？

フランス、とくにパリに顕著なことかもしれません

ロビーのガラス窓越しに望める厨房。整然とした空間に、食材の生き生きした色と、機敏に動きまわる料理人の姿が美しく映える。まるで一幅の絵のようだ。こちらのメイン厨房の他、前菜などの冷製料理、パティスリーのスペースもあり、パリとしては非常に広い厨房。

1 客席の壁には、コンテンポラリーアートを愛するデュトゥルニエ氏が集めた数十点の絵画やコラージュが飾られ、まるで美術館のよう。2 食材の質のよさはパリのトップレストランの中でも際立っている。故郷南西部の冬の幸、ピバル（ウナギの稚魚）のポワレもこの店のスペシャリテ。3 ワインビジネスも行なう氏は、ソムリエコンクールで優勝経験があるほどのワイン通。いつも持ち歩くワイン手帳には試飲時のコメントがびっしり。

が、ファッド（味がぼやけた）な料理を作る若い料理人が増えているのを残念に思います。仔牛を、味つけをほとんどせずに、真空パックで低温加熱する。メイラード反応によるこんがり感もなし。こういうピンボケしたというか、エッジのきいていない料理は好みじゃありません。大好きなワインを飲む気も失せてしまう（笑）。まあ、そうした料理は今後廃れていくと思いますが。

——フランス料理の今後をどう見ていますか？

料理とは、常に社会とともに発展していくものです。つまり、社会が元気なら料理も元気になる。今後社会が元気になるかどうかは、国の経済状況の推移にもよりますし、私にはわからない。なので、料理の未来がどうなるかもわからないですね。

ただ言えるのは、社会全体が希望を持っていれば、料理人も、創造的かつ想像的な仕事ができるようになるということです。今のフランスのように経済が縮小し停滞してしまうと、料理人たちは目標も野心もなくしてしまいます。そんな時代には発展は見込めませんよ。店を開こうとしても、あまりに税金が高すぎて、独立もままならない……。週35時間に労働時間を制限されては、質のよい仕事ができるはずがありません。人件費が高い、じゃあ人を雇わないようにしよう。となると必然的に、調理済みの製品を仕入れるようになる。今やフランスのレストランの大半が、そうしたでき合いのものを温めただけの品を「料理」として出しているのですよ！

よい生産者が手塩にかけたよい食材があり、その価値を料理人がさらに高めて、はじめて料理が発展していきます。高級品が必要、というのではありません。質と真実性が大切なのです。そしてそれを行なうには、人間の手が必要なのです。

#05

ジャック・マキシマン
Jacques Maximin

ビストロ・ド・ラ・マリーヌ

1948年パ=ド=カレ生まれ。14歳で料理修業をスタート。「プルニエ」(パリ)、「ムーラン・ド・ムージャン」(ムージャン)などを経て、'78年にホテル・ネグレスコ「シャントクレール」(ニース)のシェフに就任。'79年にM.O.F.を取得し、'80年に二ツ星を獲得。'89年「テアトル・ジャック・マキシマン」(ニース)、'96年「ジャック・マキシマン」(ヴァンス)、2010年「ビストロ・ド・ラ・マリーヌ」(カーニュ=シュル=メール)をオープン。

＊取材は2014年３月。情報もその時のもの

1980年代、コート・ダジュールを舞台にフランス料理界に一大旋風を巻き起こしたジャック・マキシマン氏。庶民的な食材のクルジェットをトリュフと合わせたり、ラングスト（イセエビ）とリ・ド・ヴォーといった山海の幸の取合せを提案したり、野菜のアイスクリームを生み出したりと、時代を先取りした試みが大きな注目を集めた。

また高級ホテルのダイニングを、古典料理全般を出す店という従来の形から脱皮させたのも、氏の力によるところが大きい。挑戦を恐れず、常に革新を求める前衛的な姿勢。しかしその背景には、M.O.F.タイトルが証明する高い基本技術があり、それこそが、氏の自由で大胆な料理を可能にしてきた。

「厨房のナポレオン」との異名を取った強い気質と圧倒的な支配力は、今も健在。フランス料理界から畏敬を持って賞される、伝説的料理人だ。

修業時代から現在に至るまで、40年間以上暮らしてきた南仏コート・ダジュールは、ジャック・マキシマン氏の事実上の故郷。ニースの隣町カーニュ＝シュル＝メールに、2010年、料理人人生を締めくくる店として「ビストロ・ド・ラ・マリーヌ」をオープンした。

道路を挟んで向かいは紺碧の地中海。海に臨むビストロは、マキシマン氏の昔からの夢だった。大きなテラスを備えた色鮮やかな建物の1階はレストランと厨房、上階はスタッフの宿泊施設となっている。

＊

——ニースをはじめコート・ダジュールでこれまで活躍されてきましたが、出身は北の地方でしたね？

フランス北部のパ＝ド＝カレの出身です。小さな村で、両親がガソリンスタンド兼カフェ兼タバコ店をやっていました。母や母の友人が毎日店で料理をして、父はよく狩りに行っていましたね。獲物が獲れると、友だちを大勢呼んで大宴会をしたものです。こんな環境で、料理の手伝いも小さな頃からしていて、自然と

コート・ダジュールの明るい陽射しを浴びる「ビストロ・ド・ラ・マリーヌ」。大きなバショウカジキのオブジェが目印。

料理人になろうと思うようになりました。

料理雑誌もよく読んでいて、この頃にはもう、「ラ・セール」や「マキシム」などの店名やアレクサンドル・デュメーヌなど名シェフのことを知っていましたっけ。14歳で料理修業をはじめましたが、その1日目から、料理の虜になりました。

――修業後は、ニース随一の高級ホテル「ネグレスコ」のダイニング「シャントクレール」のシェフとして、世界中に名を馳せました。

アンティーブの「ラ・ボンヌ・オーベルジュ」でシェフを務めた後、'78年にネグレスコに引き抜かれました。その時、一つだけ条件をつけました。「従来のホテルのダイニングではなく、自分のエスプリを表現した料理だけを出すレストランにしたい」と。それまでの高級ホテルのダイニングは、ポタージュからシーザーズサラダ、ステーク・タルタルまで、ゲストが望めば何でも作るのが当然でした。が、そんなことは絶対にしたくなかった。私は、'74年にすでに「ホウレンソウのアイスクリーム」なんて品を作っていたのです。ポタージュなんて勘弁してくれ！　ですよ（笑）。これだけは絶対に譲れなかった。

――'80年に二ツ星が付き、'82年にはゴー・ミヨで19・5点を獲得するなど、高い評価を得ましたね。

ええ。私のスタイルは間違っていなかったということです。この時期、ジョエル・ロブションはパリの「オテル・ニッコー」の「セレブリテ」で、そして私はシャントクレールで、高級ホテルダイニングの改革を同時に行なっていたのです。ただ、M.O.F.はジョエルが先に獲りましたね。私も同じ年に受けたのですが獲得できず、3年後、2度目のチャレンジでこの勲章を手に入れました。

――シャントクレールではどのような思い出が？

完全に好きなことをできる環境を得て、「よし、とことんやってやろうじゃないか、ちょっとおかしくなったと思われるくらいに」と奮い立っていました。もちろん多少の計算はしていましたが、失敗はけっして

マキシマン氏の料理は、ショービズ界のスターや多くの料理人仲間からも愛されてきた。写真中央は稀代の名シェフ、レイモン・オリヴェェ氏が訪れた時の記念写真。

怖れなかった。たとえ失敗しても、しばらく経ってからまた別の角度からアプローチすれば、うまくいくことだってありますから。

この時代の私の代表作は、皆さんご存知の〝トリュフを添えたクルジェット〟でしょうか。実と花を分けて食べるのが普通だったクルジェットを小さいうちに収穫して、両方を切り離さずに調理する。そして、この土地の庶民的食材の代表格であるクルジェットに、トリュフという高級食材を合わせた。今までにない組合せだったのです。

おもしろいと思うのは、我々のような高い評価を得た料理人は皆、長い料理人人生の中で多くの作品を創造しているのに、必ず一つの料理と結びつけて語られること。ボキューズといえばトリュフのスープ、ロブションといえばジャガイモのピュレ、トロワグロといえばサーモンのソース・オゼイユ……。そして、私の名前と常に結びつけられる作品は、このクルジェットでした。この料理は、実際大ヒットしました。取引先の農家は、おかげで大金持ちになりましたよ（笑）。私自身、大好きな作品でしたが皆が真似するようになって興ざめしてしまい……。シャントクレールを去る頃には、まったく作らなくなっていましたね。

引退そして再起。わかったのは、「情熱ある限り引退はない」ということ

——シャントクレールで注目された後、さらに話題を呼ぶレストランをオープンしましたね。

10年間勤めたネグレスコをやめたその翌日、友人に紹介されたニース市内の元劇場を一目見て気に入り、即購入しました。3階建てで3600㎡もある大きな劇場でした。ここで、今まで誰も見たこともないスペクタクル性の高いレストランを作ろう！　と思い立ったのです。

座席を取り払い、舞台の高さまで床をせり上げ、厨房は舞台に設置。30人くらい料理人がいて、大きな劇場に集った人々のために料理を作り、そして「見せて」いました。オープンキッチンの走りです（笑）。すごい話題になり、世界中から人々が押し寄せてきました。2年目で二ツ星が付きましたが、共同経営者でもあった銀行家たちとの折り合いが悪くなり、2年間しか続けられませんでした。

その後はコンサルタントなどを務め、4年後に再びコート・ダジュールで物件を探したのですが、すっかり不動産が高くなってしまって……。結局、ヴァンスにある自宅を改造し、'96年に「ジャック・マキシマン」を開きました。2007年までの約10年間、ここでコート・ダジュールの、海だけでなく山の幸も使った料理を提供していました。

——ここでも二ツ星の評価を得ました。なぜ'07年に店を閉めたのですか？

もう60歳も目前だし、10年間もここで料理をして体も疲れたし、引退して人生をゆっくり楽しみたい、と思ったのです。が、またもやホテルのレストラン・コンサルタントの話が入ってきて引き受け、結局忙しい日々になってしまいました。

そうこうしているうちに、'09年に友人が今の店のすぐそばにビストロを買ったと聞かされました。実は、海の目の前でビストロをやる、というのは私の密かな長年来の夢。うらやましく思って物件を探してみたら、この店を売ってもらえることになって。4ヵ月間工事をして、'10年10月に「ビストロ・ド・ラ・マリーヌ」が誕生しました。

――名前の通り、ビストロ料理を出していますね。ガストロノミー料理が恋しくありませんか?

本格的なガストロノミーをやるには、大きな厨房と大勢のスタッフが必要です。シャントクレールでは、ひと皿を4~6人がかりで完成させていましたからね。今の私は、それを持っていません。もういいですよ、そういう環境は(笑)。昔から、最高の質の魚を生で、あるいはグリエやフリチュールなど単純な、しかし精度が求められる技術で調理したい、と思っていました。今、毎日漁師が釣ったばかりの魚介を運んでくれます。最高ですよ! コート・ダジュールで、うちと同じレベルの魚介を使っているのはアンティーブの一ッ星レストラン「バコン」くらい。獲れたての極上食材を使った、洗練されていなくて、シンプルでわかりやすい料理。これが、私が理想とするビストロ料理です。

――「厨房のナポレオン」と呼ばれ、強いカリスマ性で知られていましたが、厨房をのぞかせてもらった限り、今もその力強い姿勢は健在ですね(笑)。

私の本質的な気質なのでしょうね。まだシェフ・ド・パルティをしている頃から、大きなチームに命令を下すのが得意でしたから(笑)。

シェフになるには、料理をうまく作れること以上に、オーケストラの指揮者としての才能が求められます。今の店のスタッフは若い子が5人だけ。これで、一日に80~100人のお客をさばくには完璧なオーガニゼーションが必要です。士気を高め、一糸乱れぬ仕事をするために怒鳴りつけたりもしますが、うちの若いやつらは基本がしっかりしているし、皆、私の気質を知

1 獲れたてのイワシをレモン果汁でさっとマリネし、オリーブオイルに漬け込む。抜群の鮮度の食材に、ていねいかつ必要最小限の手を加えた料理こそ最上、というのが今のマキシマン氏の哲学だ。2 巨大な銅鍋でクツクツと煮込まれる、アンコウやラングストなどの魚介と南仏の野菜。ゆっくり時間をかけて、極上のスープ・ド・ポワソンが生まれる。3 仕込みの時間はマキシマン氏の怒鳴り声が厨房にとどろくが、若いスタッフたちはにっこり笑って「僕たちにとっては、最高のシェフです」と話してくれた。

ったうえで働きに来ているので、ちゃんとついてきてくれる。それに、こういう気質なのは、私だけじゃありません。デュカスも若い頃からおっかなかったし、ロブションだって同じです（笑）。

食がエリート層の楽しみにならないよう、意識を変える取組みが必要になる

——料理界にどう貢献してきたと思いますか？

フランス料理を〝ピュア〟にしたのではないでしょうか……。ヌーヴェル・キュイジーヌ世代の1人として、ア・ラ・ミニッツの料理や、ソースではなくジュのレデュクションを提案したりして、料理界を新たな時代に導いたと思います。

それに、大胆になんでも試してみる、という精神を示すことで、フランス料理界の精神に自由の風を送り込んだとも思いますね。チャレンジしてみる、というのはとても大切な精神。試してみない限りは、その先に何があるかはけっしてわからないのですから。試し

1 初の著書、かつ氏の最高傑作と評価が高い、ロベール・ラフォンシリーズ「私の料理　色、香り、風味」。ズッキーニとトリュフの写真と、氏によるこの料理のデッサン。2 同書の表紙写真は現代美術作家セザール・バルダッチーニの作品。オリジナルは店の壁に飾られている。

て初めて、アスパラガスやホウレンソウのアイスクリームのおいしさ、オマールとハトの組合せの見事さを知ることができたのです。とはいってももちろん、バランス感覚が必要で、なんでもやればいい、というわけではありません。よそのレストランでアンコウとカマンベール、ウサギとコーヒーなんて組合せも登場したことがありますが、とっくの昔になくなりましたね。

――よい料理人になるために大切なことは？

いつの時代も、技術は絶対に必要です。技術がしっかりしていないままヌーヴェル・キュイジーヌやキュイジーヌ・モレキュレール（分子料理）に手を出した料理人は皆、消え去っていますよ。

また、料理においては常に、挑戦し、創造する料理人と、それを模倣する料理人がいます。私は常に、誰の模倣もするまい、自分の料理を作り上げていくだけだ、という気持ちで料理に対峙してきました。根本的に、反慣習主義、非模倣主義なのです。人の真似は絶対しないし、誰かに真似されたらそれももうやらない。

そのためには、確固とした技術をベースに持っていることが必要不可欠ですね。

そしてもちろん、絶対的に厳格な料理姿勢！　料理人をめざすなら、私、もしくはデュカスかロブション並みの厳格さをぜひ備えてほしいものです（笑）。それから、未来を恐れない勇気もぜひ。料理人の人生には、いい時もあれば悪い時もあります。悪い時はとてもつらくて大変。でも踏ん張って信念を持ち続け、くらいついていかなければいけません。絶対できる、絶対乗り越えられる！　という強い気持ちと勇気が必要です。そんな時に、力になってくれる家族の存在はとても貴重です。私の場合、妻がいてくれなかったら、今の私はないですね。

また、野望も多少は必要でしょう。ただし、野望が能力を超えてはいけません。たくさんいますよね、そういうやつらが（笑）。能力に応じて適応させた野望がポイントなのです。私は、ポール・ボキューズを超えてやろう！　なんて思ったことは一度もありません。

実力の違いやスタイルの違いを自覚していましたから。自分の実力を客観的に見極める、ということは大切なことだと思いますよ。それを知って、料理にまじめに取り組めば、自分なりの飛躍のチャンスは、いつか必ずやって来ます。

——フランス料理の今後をどう展望していますか？

数年来懸念しているのは、食糧問題です。今のフランス料理は、質のよい食材の有無に大きく左右されるものだから。10年後に、果たしてブレス鶏はまだ存在するのか？　天然の魚介は手に入るのか？　入るとしてもいったいいくらで？　料理技術の発展などの前に、これが大きな問題になってくるでしょう。ご存知の通り、世界規模で質のよい食材の適正な値段での確保が困難になりつつあります。今日届いた魚だって、腕のいい漁師が5時間も漁をしたのに、たったこれしか獲れなかったのですよ！　10年前、20年前には考えられなかったことです。

食材の確保が難しくなるにつれ、食はエリート層のための文化になってしまうでしょうね。人口増と食糧難で、この先の世界では多くの人が食べる喜びよりも生きるために食べることに尽力しなくてはいけなくなるのですから。毎日漁師に会って、獲れた魚の量を見てそれに対して払う金額を見ると、いろいろ考えてしまいますよ。デュカスが今、保護指定されていない魚にフォーカスしたレストランの出店を計画中ですが、食文化を幅広い層に楽しんでもらうためには、こういう意識が今後とても大切になってくるでしょう。

ロシアみたいに、ごくわずかな富裕層と実に多くの下層階級から成っている国を見ていると怖くなります。インドに行った時もショックでした。つい先日も、ロシアの富豪から料理を作りに来てほしい、とオファーがありましたが、断りました。毎日を一片のパン、一つかみの米で生き延びている国民が多い中で、何も感じずに毎晩キャヴィアを食べているような人や国への興味は、私にはありません。

#06

ミシェル・トラマ
Michel Trama

トラマ

1947年アルジェリア生まれ。13歳までモロッコの孤児院ですごした後、父親と再会してパリへ。ピッツェリア勤務を経てパリのレストランで料理人としてのキャリアをスタートさせ、'74年「シュー・ル・プス」(パリ5区)をオープン。'79年、南西部に拠点を移し「ローベルガード」(現「トラマ」)をオープン。'81年一ツ星、'85年二ツ星、2004年三ツ星(現在は二ツ星)。'87年と'91年、ゴー・ミヨの"今年の料理人"、'04年、ル・シェフ誌の"今年のシェフ"にそれぞれ選出。'13年、建物内にカジュアルレストラン「ラ・プール・ドール」をオープン。

＊取材は2014年4月。情報もその時のもの

「おいしい料理と無縁な子供時代をすごしてきた」と自ら語るミシェル・トラマ氏。ひょんなことから運営をまかされたパリのレストランで、料理人の急な辞任を受け、まったくの素人ながら料理をすることに。エスコフィエやミシェル・ゲラール氏の本を参考に料理を作りはじめ、料理人人生がスタートした。

その後パリを離れ、南西部の人口400人の村、ピュイミロルに13世紀築の広大な館を購入。本で学んだ料理の基礎に、独学だからこそ可能だった固定観念を覆す大胆な発想を組み合わせたトラマ氏の料理は、個性的な才能を探していた料理評論家ゴー・ミヨから高く評価され、1987年と'91年の2度にわたり〝今年の料理人〟のタイトルを獲得する偉業を成し遂げた。昔も今も、料理界を刺激し続ける奇才料理人だ。

フランス南西部、ロット・エ・ガロンヌ県の小さく風光明媚な村、ピュイミロルの中心に位置する「トラマ」。13世紀にまで歴史を遡る、かつてのトゥールーズ伯の城館を用いた建物は、2000年にデザイナー、ジャック・ガルシア氏の手によりリニューアルされ、中世の香りを色濃く残しつつ、ゴージャスで個性的な美しさを持つホテルレストランに生まれ変わった。

レストランのダイニングは、広々として重厚かつ華やかな雰囲気。訪れるお客を中世の城館で食事を楽しんでいるような気持ちにさせてくれる。夏場は中庭のテラスもレストランスペースとして開放される。

＊

——子供の頃から料理の世界にあこがれていたのですか?

いいえ、全然。むしろ、おいしい料理とは無縁の生活を送ってきました。私は1947年にアルジェリアで生まれ、物心ついた時からモロッコの孤児院で育ちました。食文化というものから隔たったところにいたのです。ところが13歳になったある日、一人の男性が訪ねてきて「私はお前の父親だよ」と。びっくりしま

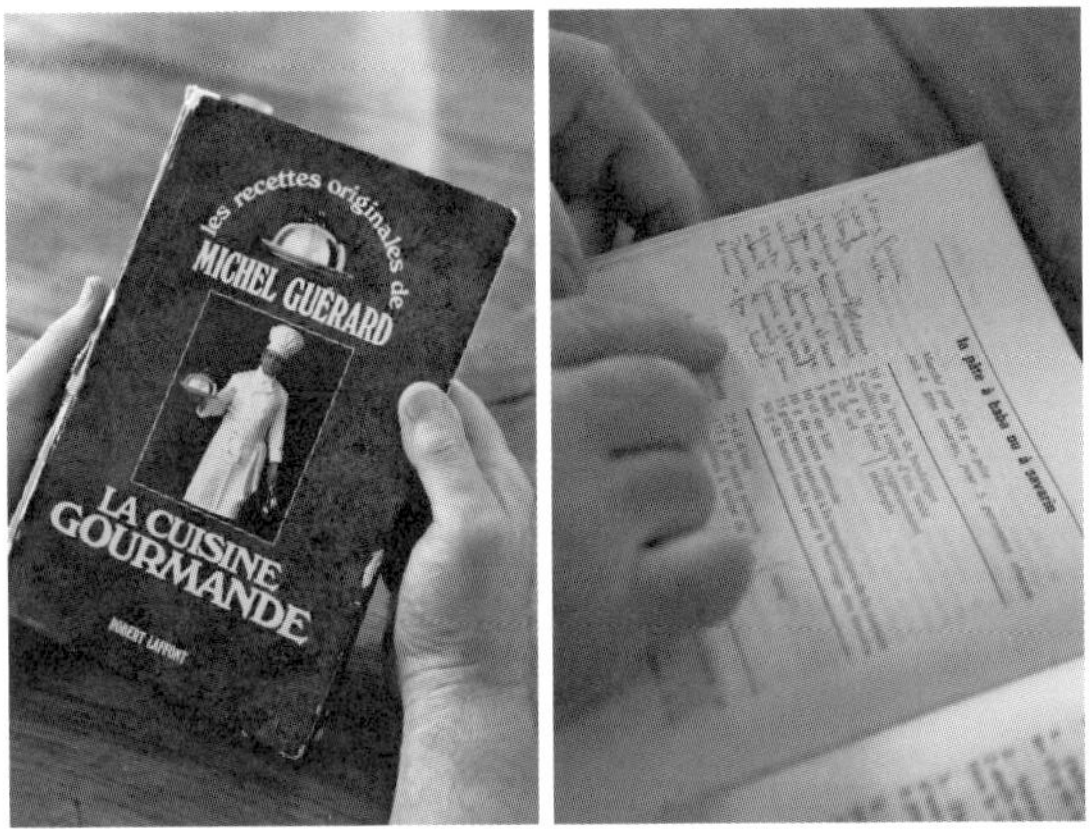

ミシェル・ゲラール氏のレシピ本は、まったくの独学で料理をはじめたばかりの頃のバイブル。書き込みがなされたページも多い。今もゲラール氏の大ファンで、同じ南西部のシェフ同士、親交も厚い。

したよ。父親は死んだ、と聞かされていましたから。で、父親に引き取られ、彼が住んでいたパリに連れて行かれ、人生が一転したのです。

それまでは大人に反抗ばかりしている問題児でしたが、死んだと思っていた父が生きていた、というショックがいい方向に働き、パリの寄宿学校ではあっという間に優等生になりました。高校卒業後、カナダと米国で心理学を3年間学んでからパリに戻り、海やダイビングが大好きだったのでリゾートホテルのモニターとして3年間働きました。そんな折、高名な海洋学者ジャック＝イヴ・クストー氏の船に乗って航海に出るチャンスが巡ってきたのです。舞い上がる気持ちでしたが、後に妻となるマリーズから、「海か私か、どちらかを選びなさい！」と迫られ……。海の生活をあきらめました（笑）。

その後、偶然からパリのピッツェリアでサービスの仕事をするようになり、そこの常連から「自分が開くレストランのディレクターになってほしい」という話

1 一時は海洋学にまつわる職業を選びかけたこともあるという氏は、ダイビングのヨーロッパタイトルを持つほどの海男。海釣りも好きで、若い頃はよくヨットで地中海の大物釣りを楽しんだ。2 フルーツや野菜を薄切りにしてオーブンで乾燥させる、氏のスペシャリテ“クリスタリヌ”は1985年に誕生。現在も料理とデザートのあしらいに使っている。クリスタリヌをテーマにした著書もある。

をもらって、引き受けたのです。ところが料理人が1ヵ月も経たずにやめてしまい、私が料理を作るはめに。料理のことなんて何も知らないし、そもそも、きちんとしたレストランに行ったことも、本当においしい料理を食べたことすらなかったのです。仕方がないのでエスコフィエなどの料理書を参考に料理を作りましたが、今思い出してもひどいものでしたね（笑）。それでも、日々料理をする中で少しずつ、情熱が芽生えはじめました。

料理人として生きていく気持ちを固め、しばらくしてからパリ市内に小さなレストランを購入しましたが、料理の腕は相変わらず。そんな折、ミシェル・ゲラール氏の料理本「ラ・キュイジーヌ・グルマンド」と出会いました。衝撃的でしたね。それまでは、「塩を加える」と書いてあったら大まかに加えるだけだと思っていました。でも彼の本には、この料理は塩5g、この料理は8g……ととても細かい指示が出ていた。それまではそういう意識がまったく頭にありませんで

1 トラマ氏が蔵書の中でもひときわ大切にしている、ブリア＝サヴァランの「味覚の生理学（美味礼讃）」。美しい挿絵入りの貴重な一冊。2 1000㎡もの広大な敷地に2つのレストラン、宿泊用客室、2つのテラスなどが点在する、贅沢さとくつろぎに満ちた空間。

したから、夢中になって読んで……。少なくとも50回は読み返しましたね。その後、同じ「ロベール・ラフォン」シリーズのレシピ本はすべて買って勉強しました。トップシェフ達がレシピを惜しげなく披露していて、なんてすばらしいシリーズなんだ、と感激しながら読んだものです。

そうそう、一度、ゲラール氏の本を参考にショコラ・マルキーズを作ったのですが大失敗しかけたことがありました。アパレイユが固まってしまいミキサーにかけてもちっともまわらず……。仕方がないので水を入れてみたら、少しずつミキサーがまわりはじめて、つやつやのおいしいショコラを作ることになんとか成功！　数年後、パティスリー界の巨匠、ルシアン・ペルティエ氏にその話をしたら、「そんなやり方聞いたこともない！」とあきれられました（笑）。でも、「こうしてはいけない」ということを誰からも教えられず、知らなかったからこそ、いろいろと試すことができた。そして、自分なりではあるが成功した。試してみるということの大切さを知った出来事でした。

20㎡の店から、1000㎡の館へ移転。独学料理人としての才能を開花させる

――その後、南西部の田舎町に拠点を移しました。

ようやく少しずつ思うような料理を出せるようになり顧客もついてきたのですが、4年ほど経った時に、小さいし、ろくな設備もないし、もうこの店をやめたい、と思うようになってしまいました。それで、どうせ売れないだろう、と思いながらも売りに出したらなんとすぐに買い手が見つかったのです。

これ幸いと私も次の物件を探したのですが、パリの物件は高いし銀行は金を貸してくれない。そんな時に不動産屋から、南西部の田舎に1000㎡の広さの、13世紀建立の物件があるがどうか？　と連絡が入って。パリの店は20㎡でしたから、重厚で広々としてすばらしいらせん階段がある物件の写真を見たらグッときてしまい、さっそく妻と現地を見に行きました。季節は

8月。風光明媚な小さな村、太陽が降り注ぎ、花は咲き乱れ、小鳥が歌って……。すぐに心惹かれ、ここに来よう！　と決めました。

ただ実際は、知人の料理人から「田舎での営業は厳しいから、パリにいたほうがいい」と諭されたのが気にかかり、あえてごく安い金額で入札して購入に失敗することを狙ったりもしたのですが（笑）……なぜか通ってしまい、購入が決まりました。

引っ越したのは10月の終わり。驚いたことに8月とは異なる雰囲気で、冷たい雨が降り、館の中では小鳥の代わりにネズミやハト、コウモリがお出迎え……。夏とはまったくイメージの違う建物が目の前にあり、一瞬目の前が暗くなりました（苦笑）。

――そこからどのように発展していったのですか？

改装を施して1979年初めにオープンしましたが当時の私は無名の料理人ですし、近くに大きな町もあまりない。経営は大変でした。集客しなくてはと、ミシュランの事務所に挨拶に行きましたよ。こういうところでレストランをはじめたので来年のガイドブックに載せてくれませんか？　と。ミシュランの掲載システムすら知らなかったので、お願いすれば載せてもらえると思っていたのです。もちろん、「そんな約束はできません」と追い返されましたが（笑）。

オープンから約2年間は厳しい日々が続きましたが、'80年末のゴー・ミヨで15点赤トックがついたことで、少しずつ上向き出しました。そして'81年のミシュランで一ツ星を獲得。ただただ驚くばかりでした。自分では意識していませんでしたが、無我夢中で料理をしているうちに評価を得られるレベルになってきていたのですね。'85年には二ツ星、'87年と'91年にはゴー・ミヨで「今年の料理人」。2004年には三ツ星がつきました。

――その間、どんな料理を作ってきたのですか？

料理本をコピーする時代を経た後は、「料理をきちんと習っていない」という弱点を、強みとして生かす料理をめざしてきました。人と違うことをやりたい、

1 2013年夏にオープンしたカジュアルダイニング「ラ・プール・ドール」。地元客を中心とした、新たな顧客開拓の基盤になっている。2 ガストロノミーレストランの内観。巨大な暖炉を備えた広々とした空間に大ぶりなテーブルと椅子を配し、威風堂々とした雰囲気。

クリエイションをしたいという思いが芽生えはじめたのです。当時はあまり人気のなかったコールラビがこのあたりの特産だったので使ったり、魚の皮を付けたまま皮目をパリッと焼くのも、当時としては非常にめずらしいスタイルでした。

私のクリエイションの代表に〝クリスタリヌ〟があります。野菜や果物を極薄にしてオーブンで乾燥させたものです。これは、パイナップルのラヴィオリを作ろうと薄切りにしてポシェしたけれどうまくいかず、ふと思いついて、横にあったオーブンに入れたことから誕生したもの。普通だったらオーブンなんかに入れない場面で試してみたのは、私が通常の料理修業をしておらず、常識の概念がなかったからこそでしょう。

クリエイションには固定観念からの逸脱が必要です。そして矛盾するようですが、料理の基本を知っていることも同じくらい大切なことです。そうでないと、どうしても一貫性のない料理になりがちですから。私の場合、料理本でじっくり学んで実践してきた経験がクリエイションの土台になりました。私にとっての料理の基本とは、加熱とソースです。最近はコンピュータ制御可能な機器で加熱調理したり、ソースを用いない料理人が増えてきていますね。これは残念です。加熱とソースは、毎日のように実践し、素材の微妙な反応やソースの香り、色つやの変化などと密に接して、初めて理想の形を理解し作り上げられるものですから。私自身はそれを独学で成し遂げなければなりませんでしたが、教師がいるに越したことはありません。ですからこの2点をとりわけ熱心に店のスタッフに教えています。

——料理人として大切にしていることは。

ゲストの喜びにつきますね。われわれ料理人は、幸福を売る商売をしています。ゲストに心からの喜びを感じてもらうのが仕事。そのためには、一人ひとりが異なる人格を持ち、それぞれ〝喜び〟の概念が違う彼らについて知る必要があります。だから、私は食事の前にゲストと会話をかわすよう心がけています。ここはホテルレストランなので、チェックインの時などにゲストと話がしやすい環境にありますから。彼らとの会話は多くの情報をくれます。ワインに目がない、新婚旅行だからとびきり思い出に残る夕食にしたい、契約が決まってその祝宴、たっぷり食べることが大好きな食いしん坊……。彼らが何を求めてここに来てくれているのかを想像し、感じ取る必要があるのです。そして場合によっては、ゲストが選んだ料理に異を唱え、「おそらくこちらの料理の方が気に入っていただけると思いますが」と提案することもあります。ちょっと大胆な行動ではありますが、それまでに会話を重ねて信頼関係を築けていれば、たいてい受け入れられ、結果的にとても喜んでもらえますね。

「食材選び、味つけ、加熱」にフォーカスして、料理人のエゴのない、シンプルな料理を作る

――地方の小さな村でガストロノミー料理店をやっていくメリットとデメリットを教えてください。

ピュイミロルは、夏場こそそれなりに人が訪れますが、冬場は本当に閑散とした場所。ただでさえ安定した集客が難しい中、'11年にミシュランの三ツ星を失ってからしばらくは大変でした。都会にいれば……と思ったこともあります。でも、私は田舎でこそ、自分自身のバランスを保てているのです。

安定した集客が難しいというハンデの代わりに、最高の食材に囲まれているというメリットもあります。7～8年ほど前から店のすぐそばに自家菜園を作り、ていねいに育てた採れたて野菜を使えるようになりました。使う食材を一部でも自ら育てるというのは、食材を理解するうえで大切な行為です。よい料理人であるための最初のポイントは、食材の善し悪しを見極められること。そしてこれは、この時勢、厨房の中だけにいてはなかなか学べないことになってしまいました。だからこそ、意識的に四季折々の食材に触れる機会を増やし、食材を理解しなくてはいけません。食材を自分のスタイルに合わせて凝った料理を作る料理人は少

ホテルロビーとレストランの中間に設えられたサロン。中世の建物とコンテンポラリーなバロック調の内装のコントラストが印象的だ。

なくありませんが、私は食材の僕《しもべ》でありたい。食材に近い場所で生きていると、そういう気持ちがより強くなりますね。

誰もが承知している通り、食材選び、味つけ、加熱

――これらをマスターすればよい料理人になれます。よい食材を選び、それに寄り添うイメージで塩加減をし、最適な加熱を加える。凝る必要はありません。凝りすぎると料理が難しくなってしまうだけです。レオナルド・ダ＝ヴィンチはこう語っています。「シンプルさは、崇高な洗練だ」と。パブロ・ピカソの、「絵をはじめた頃は、ルーベンスのように描いた。そして人生の終盤には、子供が描くような絵を描くようになった」という言葉もあります。シンプルなものが最高だとわかっているのに、すべての料理人は――以前の私を含め、です――どうしても料理を難しくしてしまう傾向があります。料理人のエゴなのかもしれませんね。私も、最近になってようやくわかりはじめてきたことですが（笑）。

もちろん、料理の目的はゲストに楽しんでもらうことですから、ゲストが求めるならある程度の複雑さが必要な時もあります。シンプルな料理を出すと、「焼いただけじゃないか？　華々しくないねえ」と言われてしまうこともありますからね。

――現在のフランスの料理界をどう見ていますか？

若い料理人達が、質の高い食材でシンプルなおいしさを表現しているのはいい傾向ですね。この先、食材の質はより重要になってくるでしょう。同時に、食資源の枯渇によってレストランの料理の嗜好品化がさらに進み、一般の人々は大量生産された質の悪い食材から作られる非健康的な料理を口にする機会が増えていくことを危惧しています。これからは、社会全体における食文化について、健康においしく食べられるようにするには？　という点を、われわれ料理人はもちろん、国や科学者らが一体となって考えていく時代になるはずです。私にすばらしい経験をさせてきてくれた料理業界に対し、こういう点で恩返しをしていきたいですね。

#07

クリスチャン・コンスタン
Christian Constant

ル・ヴィオロン・ダングル

1950年モントーバン生まれ。14歳で料理修業を開始。南仏のレストランや「ルドワイヤン」（パリ）などを経て、'80年「リッツ・パリ」（同）のスーシェフに就任。後にオペレーションシェフを務める。'88年「オテル・ド・クリヨン」（同）の総シェフに。'97年、独立して「ル・ヴィオロン・ダングル」（同）をオープン。2007年までに同じ通りに他３軒を開店（１軒は後に売却）、'11年にはトゥールーズに「ル・ビベン」を開く。若手のプロ料理人達がしのぎを削る人気料理番組でも審査員として活躍中。

＊取材は2014年５月。情報もその時のもの

1950年、フランス南西部で生まれたクリスチャン・コンスタン氏。14歳で料理の道に入り、地方のレストランを経てパリへ。名門「ルドワイヤン」でエスコフィエゆかりの伝統料理の技術を習得し、「リッツ・パリ」ではスーシェフとして世界中のVIPをもてなした。

そして'88年からの9年間は、「オテル・ド・クリヨン」でエリック・フレション氏やイヴ・カンドボルド氏ら、現在第一線で活躍する多くの料理人を配下に従えて総シェフとして活躍。当時のパリのトップレストランとして大注目を浴び、'97年に独立を果たす。

パリ7区の、エッフェル塔を間近に望むシックなエリアの中でもひときわ賑やかな商店街であるサン=ドミニク通り。クリスチャン・コンスタン氏は'97年からの10年間で、ここに「ル・ヴィオロン・ダングル」を皮切りに4軒のレストランをオープンさせ、言わば〝コンスタン通り〟へと変貌させた（その後1店は弟子に譲り、現在3店を展開中）。

ミシュラン一ツ星の旗艦店、ル・ヴィオロン・ダングルはシックな内装でまとめられた空間で、テート・ド・ヴォーやカスレといったコンスタン氏が愛する昔ながらの地方料理を楽しめる高級店。界隈の富裕層の顧客を多く持つ。

＊

――料理人を志した経緯を教えてください。

私はフランス南西部の街、モントーバンの出身です。豊かな食材に恵まれた場所で、野菜、果物、鴨……海の魚以外は何でもありましたね。ラグビーが盛んな土地でもあるのですが、私が料理に惹きつけられたきっかけもラグビーでした。5歳くらいからの幼なじみでラグビー仲間だった親友の父親がレストランをやっていたのです。しょっちゅう店に入り込んで、ソースや料理の味見をしていました（笑）。自宅よりも彼の家ですごした時間が圧倒的に長かった子供時代です。私の父親は憲兵隊に勤めていました。仕事柄とても厳格な人で、私も厳しくしつけられたのですが、結果的にこれがとても役に立ちました。いい料理人になるためには、情熱、観察力、そして規律と厳格さが必要不可欠ですから。

料理を学べる充実感に満ちた4年間の見習い時代

14歳の時、親友の父親があるレストランを働き先として紹介してくれたのですが、私はチビだったので「こんなに小さいのでは料理人なんて無理」と最初はパトロンに断られてしまい……。ひと月だけでも、とお願いしてなんとか入れてもらいました。確かに、高い棚に置いてあるものに手が届かなかったりしたんですが、木箱を踏み台にしたりと奮闘したところ、ひと月後に「チビだが機転はきくのでなんとかなるかも」とパトロンの考えを変えるのに成功し、正式に見習いに。4年間お世話になりました。

――見習い時代の思い出は。

毎日が楽しくて仕方なかったですね。料理への愛情と情熱が生まれ、見習い料理人のコンクールにも参加したり。シャルキュトリーやトレトゥールの仕事もする店だったので、ソーセージ作りやパティスリーも学ぶことができ、とてもいい見習い時代をすごせました。今も料理人の卵によく言うのですが、見習いは小さな店からはじめるのがいい。大きな店だと最初から担当セクションが分かれてしまい、総合的に料理を学ぶ機会を持てないことが多いのです。

見習い中の休みは週に半日だけ。しかも最初の2年間は無給。2年後に初めてもらった給料はたったの5フランでした（笑）。でも、それで充分満足でした。料理を学ぶのが楽しくて仕方なかったのです。当時の日常はというと、8時に出勤して15時に昼の営業が終わります。夕方は通信教育で勉強をしたり、ラグビーに興じたり。夜の営業が終わるのは22時くらいで、帰りはぐったり疲れているのですが充実感に満たされていました。だから翌朝は、うきうき走って店に行きま

1 クリヨン時代のコンスタン氏（右から7人目）。右横にエリック・フレション氏、1人おいた左にイヴ・カンドボルド氏の姿が。重ねた写真は14歳の頃のコンスタン氏。2 リッツ時代の写真。3 ガストロノミー料理、家庭料理、鶏をテーマにした料理、南西部食材を使った料理など、レシピ本も多数出版。本を通しても料理教育を行なっている。

1 賑やかな商店街サン=ドミニク通りに、写真の「ル・ヴィオロン・ダングル」と「レ・ココット」、「カフェ・コンスタン」が並ぶ。**2** キッチン手前の壁には、コンスタン氏の過去の弟子やともに働いた料理人のポートレートが名前入りで飾られている。その人数の多さに、「伝達者」としてのコンスタン氏の実力が感じられる。

した。今時の料理人は逆ですね。毎日疲れた感じでのろのろ出勤して来て、仕事が終わればピューッと走って帰ってしまう（笑）。

――すばらしい見習い時代を経た後、パリに。

南仏のホテルと地元のレストランを経て、パリの軍食堂で兵役に就きました。この時、今、私の3軒のレストランがあるサン＝ドミニク通りを毎日通って通勤していたのですよ。今思うと、運命ですね。

兵役後、仕事がないかと「ルドワイヤン」を訪ねました。当時二ツ星でパリを代表する店でした。裏口から入ると、後に「リッツ・パリ」で世話になることになるギ・ルゲイシェフがいて、話をしたところ、運よく採用。１９７０年当時はまだヒッピー文化の名残があり長髪の男子が多かったのですが、私はたまたま兵役明けで短髪でした。後から知ったことですが、それをルゲイ氏は気に入ったのだそう（笑）。運がよかったです。今と違い、グランレストランに入るには強いコネが必要でしたから。

――ルドワイヤンではどのような経験を？

５年間にわたり、伝統的な技術を駆使したエスコフィエの系統に連なるあらゆる料理を学びました。毎日ゲストが２００人も入る盛況ぶりで、ひたすら働き続けました。客前でデクパージュする料理も多く、オードブルはスモークサーモンなどをゲリドンサービスし、ゲストの横で盛りつけ。ガルニチュールの野菜もゲリドンでした。今では想像できません。メニューもポタージュ7〜8種、前菜15種、魚10種という感じで、すごい数のアラカルト。こんな環境で、学べない訳がないですよね。厨房は35人くらいだったと思いますが、出している料理を考えたら多くはない。むしろ、全員がプロ中のプロだったからこそ、あれだけの仕事が実現可能だったのです。今はグランレストランでも経験の浅いスタッフが多いですが、当時のルドワイヤンはすごい技術を持ったスタッフたちの勢いと情熱が店にみなぎっていました。あの頃は、シェフ・ド・ランになるまで5年の修業、スーシェフは15年、シェフは25

年くらい経験を積んで初めて就けるポストでした。今は、25〝歳〟でシェフになれる時代ですけどね。

――その後、「リッツ・パリ」へ。

ルゲイ氏がリッツのシェフに就任し、スーシェフとして呼んでくれました。リッツでの8年間は、私の生涯の中でもっとも美しく最高の思い出です。スタッフは80人ほどもいて、建築家と協力して自分たちの理想の厨房を作り上げて……。飲食部門は全然ダメだったのを、我々で立て直し、メインダイニングを二ツ星まで引き上げたのです。オムレツから煮込み料理、ガストロノミー料理まで、まさに何でも作りました。レストラン、客室、プール、ロビー、ゲストにいたるまでありとあらゆる要素がエレガントで、料理学校まである。私にとって今でも、世界でいちばんすばらしいホテルです。

才能豊かなスタッフをまとめ上げ、チームワークでクリヨンの黄金時代を築く

――リッツで活躍した後は、「オテル・ド・クリヨン」のシェフとしてホテルのみならず、ガストロノミー界を牽引するレストランを築きました。

クリヨンを所有していたジャン・テタンジェ氏に請われたのです。当時のクリヨンは二ツ星でしたが星を落とすかも、という噂が流れていました。テタンジェ氏は星数の維持のために私を呼んだのですが、自身にも他人にもとても厳しいパトロンで、「もしも星を落とすようなことがあれば君は即刻クビだ」と言い渡されていました。「ハンサムな人物でしたね」って？　確かに。私は、そこまでハンサムでなくていいから、もう少しやさしくしてくれればいいのに、と思いましたがね（笑）。もちろん、パトロンである以上、やさしさよりも厳しさが必要です。従業員にやさしくした結果サービスに不備が出れば、その影響を受けるのはゲストですから。パトロンが尽くす相手は、従業員ではなく、お金を払うゲスト。そこをはき違えてはいけません。

――当時のオテル・ド・クリヨンのことは、料理界の

伝説のように語り継がれています。

成でした。

クリヨンは私のそれまでの料理人人生の一つの集大成でした。38歳でシェフに就任し、9年間をこのホテルの食の発展に捧げました。スーシェフはイヴ・カンドボルドにエリック・フレション。他にジャン＝フランソワ・ロケット、ジャン＝フランソワ・ヒエージュ、ティエリ・ブルトン、ティエリ・フォシェら、その後の料理界を代表することになる料理人がいました。パティシエも、クリストフ・フェルデール、ローラン・ジャナン、ジル・マーシャルとすごい面々。金脈を持っていたようなものでした。

我々はここで、テート・ド・ヴォーやピエ・ド・コションなど、パラスレストランのイメージにそぐわないと考えられていた料理をアレンジして提供しました。もちろん批判もありました。でも自分が好きな料理に賭けてみたかった。そして、エレガントに仕立てたこれらの料理で、賭けに勝ったのです。

今、〝我々は〟と言いましたが、ここでなし得たことはすべてチーム力の賜物。スタッフ皆が自由に意見を出し合い、夜更けまで試作を行なうこともしょっちゅうでした。料理はチームで作るもの。ラグビーと一緒で、〝1人は皆のために、皆は1人のために〟なのです。子供の頃に覚えたこの指針を、クリヨンの厨房で上手に活用できたと思います。ふり返ってみるとまるで奇跡のようなチームでしたね。プロ意識が非常に高く、やる気にあふれていて。もちろん人により、個性があるので導き方は異なります。エリックは当時から強い信念を持ち自分がガストロノミーを極めていくのを確信していた、どちらかというと孤高の料理人。だから私がしたことは、進むべき道からはずれないように手を添えるだけ。対してイヴは、ラガーマンらしく仲間意識が強く、いい意味で子供らしい性格です。仕事の後よく一緒に飲みに行き、仕事場だけでは得られない信頼関係を深めたものです。どんなチームであれ、優秀な人もいれば普通の人もいます。各々の性格を見極め、各人に合ったやり方で実力を発揮させてチームをまとめ上げた、という点で私は監督の才があったのかもしれませんね。

——スタッフに慕われ、尊敬されるあなたの魅力はどんな点なのでしょう。

よい見本になるような料理人でいたことでしょうか。厨房の誰よりも早くから仕事をはじめ、最後まで厨房に残る。当時は7時に厨房入りし、そのまま25時まで釘付けでした。イヴやエリックは、「どうしてもシェフより早く出勤できない！」と悔しがったものです（笑）。また、よいことをすれば賞賛し、失敗をした時にはなぜ失敗したのか、どうすれば成功するのかを実演する。言葉だけでは説得力はありません。実際に自分自身が高いレベルで仕事をこなせて初めて、皆を納得させられるのです。そして何より、人間的であるようにと心がけてきました。仕事中はもちろん厳しくしますが、あくまで人間的な感情を失わず、仕事外でも彼らと多くの時間をすごします。スタッフが自分と一緒にいて居心地よいと感じる環境作りが得意なのかもしれません。

——9年後、その最高の環境を辞し、独立しました。

自分自身の何か、をやりたくなったのです。当時、47歳。今、独立しなければもうチャンスはないだろう、という年齢でした。'97年に「ル・ヴィオロン・ダングル」をオープンし、最初は高級ブラッスリーをめざしましたが、ゲストがクリヨンのようなガストロノミーを求めてきた。期待に応えるような料理を出した結果、2年目で二ツ星を得ました。ところが、クリヨンとは所詮チーム規模や資金力が違います。レベルを維持するのは難しく、やがて星は一つとなり、今はカスレなど自分が大好きな料理と、星付きレストランにふさわしい洗練された料理を織り交ぜながらメニューを構成しています。

多くの「偉大な弟子」を育て、技の「伝達」に携われたことが誇り

——情熱、厳格さ、観察力が料理人として大切とのこ

「ル・ヴィオロン・ダングル」の店内。幅は狭めだが奥行きある空間。テーブル席が並ぶ手前にシェフズテーブル的なターブルドット、その奥にオープンキッチンがある。

2

1

1 床のモザイクが美しい、昔ながらのカフェの風情をたたえる「カフェ・コンスタン」。上階にも広い客室があり、昼も夜も大盛況。2 シンプルでモダンな雰囲気の「レ・ココット」。カウンター席が主体で、煮込み料理やスープ、サラダなどを1人でも気軽に楽しめる。

とですが、観察力というのは具体的に言うと？

物事を観察し分析し、理解して自分の中に取り込むこと。食材の善し悪しを見極めたり、加熱のタイミングを見極める目を持つ、ということです。視覚は味覚と同じくらい、料理において大切。経験を積むと、外側を見ただけで肉にきちんと火が入っているかわかるようになります。今は芯温計で簡単に測れますが、表面の色が語ってくれる焼き加減を信じるほうが私は好きですね。厨房器具や技術の進化はすばらしく、それを否定する気はまったくありません。でも、私はアナログで育った世代です。目で見て耳で聞いて、触ってやけどをしながら料理を覚えました。その経験を大切にしながら今も料理と向き合っています。

情熱、厳格さ、観察力、あとは健康な身体さえあれば必ずよい料理人になれるはずです。もちろん情熱を持ち続けるのは大変なこと。人生は楽なことばかりではありません。でも難題を乗り越えて初めて、人はより強く、より大きく育つのです。

――テレビの料理番組でも活躍されています。

若手料理人による料理コンクール的な番組の審査員として出演者に料理を教えると同時に、視聴者の料理に対する意識向上、つまり食育を行なっています。テレビに出るようになってから、小さな子供に「将来料理人になりたい！」と言われることが増えましたし、両親と一緒にマルシェに買い物に行ったりレストランに行きたい、生産者に会いたい、という子供も増えたと聞きます。もちろんテレビはいい部分しか映さないし、現実とのズレはある。でも、この職業に興味を持ち、食に対する意識を高めるのに少しは役立っているのではないでしょうか。

#08

オリヴィエ・ロランジェ

Olivier Roellinger

レ・メゾン・ド・ブリクール

1955年ブルターニュ地方カンカル生まれ。大学で化学エンジニアをめざした後、療養生活を経て料理の世界へ。'82年「ターブルドット・ド・ブリクール」をオープン（後に「レ・メゾン・ド・ブリクール」に名称変更）。'84年ミシュラン一ツ星、'88年二ツ星、2006年三ツ星。'06年末に体調を崩し、'08年にレストランを閉店。当時のセカンドレストラン「ル・コキアージュ」で三ツ星時代の料理とよりカジュアルな料理を提供しながら、スパイス研究、料理学校運営、パティスリー経営を手がける。

＊取材は2014年6月。情報もその時のもの

―1955年、ブルターニュの港町に生まれたオリヴィエ・ロランジェ氏。学生時代に暴漢に襲われて生死をさまよう怪我を負い、3年間の療養生活を余儀なくされた。つらい年月を支えてくれたのは母親と友人たち。農家や漁師になった幼なじみらが持ち寄った食材を母が料理し、皆で食卓を賑やかに囲む――そんな日々を送るうち、いつしか自身も料理を通して日常を生きる喜びを伝えたいと思うように。快復後、商工会議所の講座で料理の基礎を学び、生家でターブルドットを開いた。

地元の食材に、古くからブルターニュの港に輸入されてきた世界のスパイスを合わせた独創的な料理は大評判を呼び、2006年に三ツ星を獲得。体調不良のため閉店した今も、同地でカジュアルレストランを手がけながらスパイスの研究開発にいっそうの力を注いでいる。

＊

――料理の世界に入ったのは遅かったと聞きます。どのような経緯で？

私は、1955年にこの街で生まれました。今、インタビューを受けているこの館は生家であり、最初のレストランを開いた場所でもある。そして、今は私のスパイス研究室です。私はこの街とこの家から離れては暮らせないのです。

子供時代は第二次大戦後の狂乱期。両親は社交や旅行に多忙で、まるでフランソワーズ・サガンの小説のような華やかな世界に暮らしていました。子供の頃に両親と食卓を囲んだ記憶はほとんどなく、食事は使用人たちと一緒にとっていましたね。ところが、13歳の時に両親が離婚して父が家を出て行くことに。母は打ちひしがれ、私は素行の悪い青年に。そこからはお決まりのコースです（笑）。友達と悪ふざけをし、酒を飲み、女の子と遊んで、好きだったヨットやバイクを乗りまわし……。

ただ、母をこれ以上悲しませるのはいやだったので、勉強はよくしました。常にクラスでトップでしたよ。大学では化学エンジニアリングを専攻して、高性能な接着剤の研究をしていました。当時の夢は、接着剤工場の経営者かヤマハのレーシングエンジニア。工場経営の道に行っていたら、ひょっとしたら大富豪になっていたかもしれません（笑）。

九死に一生を得て初めて感じた温かな日々を送る人生のすばらしさ

ところがそんな生活を送っていた20歳の頃、近くの街で暴漢に襲われました。数週間の昏睡状態を経て、快復するまで実に2年間をベッドの上ですごすことになったのです。二度と歩けないかもしれない、という恐怖に包まれた絶望的な日々でした。さらに1年の療養を経て3年後にようやく大学に戻ったのですが、周りはみな年下で友達もいない。リハビリの間、人生について考え直させられたこともあって、研究を続ける意志を保てず、中退することにしました。九死に一生を得て初めて感じられるようになったのは、人間的で温かな日々を送る人生のすばらしさ。化学が血の通わないものに思えてしまい、感覚的、感情的な観点から生きる喜びを表現したいと思うようになったのです。そう、芸術家のように。

でも、どうやって？　音楽、絵、文学の才能はありませんでした。それで思い出したのがリハビリ期間のことです。子供時代の友人が野菜生産者や漁師、牡蠣養殖業者になっていて、皆が自慢の食材を抱えて見舞いに来てくれた。そして学生時代の友達はワインを携えて……。そのようにして集まった仲間と、よく宴会を開いていたのです。母が料理をし、家中が賑やかで笑いにあふれ……。療養中の身ではありましたが、父が出て行ってから半分死んだようになっていた屋敷が再び生気を取り戻すのを実感したものです。料理には人と「分かち合う」という喜びがある。ならば私も、この家で、愛するブルターニュの食材を使って日々の生活の喜びを表現したい。そう思うようになったので

1 ヨットとオートバイにあこがれ、没頭した青年期。海へのあこがれは今もやまず、小型船を所有。休日には、料理人仲間たちと海釣りに出ることも多い。2 10代の頃には東欧諸国をオートバイでツーリングしたことも。

す。それまで一度も鍋を持ったことなどなかったのですけれどね（笑）。

商工会議所の講座で調理師資格を取り、その後3軒の名店で短い研修をして、1982年に後に「レ・メゾン・ド・ブリクール」となる「ターブルドット・ド・ブリクール」を開きました。

カンカルという土地に宿る冒険精神をスパイス使いによって表現する

――短い修業のみで独立することに不安はありませんでしたか？

商工会議所の講座で同期だった、友人のアンドレ――彼は今も、私のレストランのシェフ。長い付合いです！――を誘って、ともにやっていくことにしたので不安はありませんでした。そう、これはあまり語ったことはないのですが、実はこの時、もう1人腕のいい料理人がいました。研修中に仲よくなった、タカハタという日本人です。当時、もう7年くらいもフランス

生家のすぐ横に2005年、スパイス専門店を開いた。スパイス単体での販売の他、30年間に渡り独自に研究開発を続けてきたミックススパイスの品揃えも豊富。パリにも支店がある。スパイス店の近くでパティスリーも経営する。

で料理をしていましたね。店を開くと話したら、じゃあ手伝いに行くよ、と言ってくれました。ありがたいけれど資金がないから賃金も満足に払えないよ、と言うと、彼はなんと返事をしたと思いますか？「金はいらない。君のためにやりたいんだ。それに、フランスが今まで自分に与えてくれたものに対してお礼がしたいんだ」と。ものすごく心を打たれました。彼は言葉通り、半年間無給で手伝ってくれました。その後しばらくして日本に帰ってからは消息不明で。今、どうしているのか……会いたいですねえ。

店はオープン直後から順調でした。サービススタッフがカーヴから在庫の半分のボトルを持ち逃げしてしまった、なんて事件を除いてはですが（笑）。

——料理をするにあたり、大切にしていたのは？

まず、モン・サン＝ミシェル湾という場所の魔法のような魅力です。ここはモン・サン＝ミシェルが軸となり、天空と海、そして大地をつなぐ場。このスピリチュアルな場所で、情熱ある生産者がもたらしてくれる珠玉の食材だけを使おう、と。

もう一つ大切にしたのは、この土地が海に対して常に傾けてきた冒険精神を、スパイス使いによって表現することです。隣町のサン・マロにはかつて東インド会社があり、17~18世紀には遠くインドやアジア、南米から絹、綿、陶器、染料などを輸入していました。ある時、古い文献を紐解いていたら、そんな商船がフランスに持ち帰ったスパイスのリストを見つけました。そこには中国の八角やサンショウ、インドのクローヴ、ナッツメッグ、中東のクミン、コリアンダー、南米のヴァニラ、トウガラシなど14種が記されていました。サン・マロはスパイスを通じて国際化された街だったんですよ。すばらしいと思いませんか？　私は、このリストに載っていた14種のスパイスでミックススパイスを作り、友人が持ってきてくれたマトウダイやキャベツに合わせてみました。——こうして、私の代表作〝マトウダイ、インド諸島からの帰還〟が生まれたのです。

地元の生産者たちは、料理を通してこの地方の文化と歴史の魅力を語りたい、という私の思いをすぐに感じ取り、理解してくれました。パリのジャーナリストたちにはなかなか受け入れられませんでしたが。常々思っていることですが、レストランをやるうえで大切なのは、身近な食材と身近な人々に囲まれて生活することです。そして、その土地に生きる人々に評価され、受け入れられる店を作ること。もし地元に受け入れられていないとすれば、何かが間違っているということです。私の店も、地元の人たちが顧客になってくれたのが成功の鍵でした。

二ツ星が付いた後の'92年に「レ・メゾン・ド・ブリクール」と改称し、同じ年に5㎞ほど離れた海辺に小さなシャトーを購入してホテルを開きました。その時、ミシュランのディレクターが訪れて、「このすばらしいシャトーにレストランを移せば三ツ星になるだろう」と示唆されたのです。でも私は、つらい時期に家族や仲間に支えられた生家でこそ料理を続けたかった。

移転は問題外と伝えたところ、「後悔すると思うよ」と。実際、三ツ星が付くまでさらに14年待つハメになりました（笑）。

そうしたことにも動じずにいられたのは、私にとって料理は職業ではないからでしょう。そもそもが母を、そして自分を生かし喜ばせるための趣味でしたし、今に至るまでこの考え方は変わっていないのです。私はけっして料理学校の先生にはなれません。正統的な技術を持たず、完璧なオムレツを作ることもできないのですから。私にとって料理は、幸せを追い求める表現手段なのです。

——その後、三ツ星を返上した理由は？

２００６年、三ツ星を獲った直後に、医者からハードな料理人仕事をすぐにやめなくてはいけない身体だ、と忠告されたのです。その後2年半は続けましたが'08年11月に店を閉め、治療に専念することに。ただし、スタッフの生活は必ず守る、と決めていました。シャトーに併設しているカジュアルレストラン「ル・コキアージュ」、料理学校、パティスリー、そしてスパイス販売を本格的に展開することでスタッフの仕事確保を図りました。ル・コキヤージュはレベルの高いスタッフが増えたことで料理の質が上がり、'10年には一ツ星がつきました。

——スパイスの魔術師、と異名を取るほどスパイス使いに定評がありますね。

最初は料理に使っていただけですが、「あのスパイスをわけてほしい」というゲストからの要望が増え、最終的にはアトリエを設け、ブティックを展開するようになりました。店を閉めた後、治療が一段落してからはアジアやアフリカ、南米などのスパイス産出国を旅する機会も増え、より知識を深めることができたのですが、同時に生産者たちの貧しい生活を目の当たりにもしました。スパイスを適正価格で安定的に購入することで、わずかであっても生産者の手助けができれば、と考えるようになったわけです。私の料理を通してそうした生産者の仕事のすばらしさを世界中に伝え、

ル・コキアージュの厨房にて。左端は、1982年にターブルドットを一緒に開いて以来ずっとロランジェ氏の右腕として傍らに立ち続けてきた、アンドレ・エスラン氏。若いスーシェフたちとともに。

スパイスに対する料理人の意識を揺さぶることができたとすれば私の誇りであり、フランス料理における貢献だと感じています。

料理は、人間の歴史に関わる行為。その責任と重要性を理解してほしい

――フランス料理界の現状と今後について、何を思いますか？

世界的に、〝ユニフォルミザシオン（制服化、均一化）〟の傾向があるのが残念です。〝ビオディヴェルシテ（生物多様性）〟こそ、もっと大切にされるべきなのに。フランス、日本、スカンジナビア諸国……世界の多くの国にそれぞれの食材、料理技術、テーブルアート、もてなし方があります。この豊かな多様性を画一化してはいけません。世界中のレストラン、どこに行ってもスペイン産の生ハムやイタリア産のバルサミコ酢に出会うのは、もう願い下げです。伝統的でもクリエイティヴでもいい、とにかくその場所のテロワールを

カンカルの街から数km離れた海辺の丘の上に建つ、シャトー・リシュー。ホテルとレストラン「ル・コキアージュ」がここにある。広大な庭には自家菜園やハーブ園があり、牛やロバも飼育している。

語る料理を作ってくれ！ と叫びたいですね。

もう一つ、変わればいいと思っている点は、ヴィジュアルのみを重視して食材を組み合わせる風潮です。今の料理界は、イメージに重きが置かれすぎていると思いませんか？ フェラン・アドリアからはじまったイメージの文明化、つまり「料理よ、美しくグラフィカルであれ」という考え方が今も続いているのです。私から見ると、エル・ブジの大流行は料理が持つスタイリッシュな一面が、料理の本分を凌駕した瞬間でしたね。料理本の写真にしてもそう。以前は、写真はその料理を作るのに役立たせるためのものでした。それが今は、作ろうという気力を削ぐような、非現実的なまでに美しいものが多い。マドリッド・フュージョンなどの「料理ショー」にも反対です。伝わるのは見た目の美しさだけで、味がまったく伝わらないじゃありませんか。

今、多くの料理人が求めているのは、自分自身の権威や威信ではないかと感じます。しかし本来料理とは、今自分がいる環境の中で得ることのできる食材で、たとえば母親が自分の子供の命をより長らえさせるために作るようなもの。人の命に対する責任の一端を引き受ける、つまり人間の歴史に関わる行為なのです。それを理解できた時に初めて、偉大な料理人となる可能性が生まれるのだと思います。

自己表現の罠に陥り、お客という他人を忘れてはいけない。料理はショーではないし、ショー化された料理から得られる権威なんて瞬間的なものにすぎません。我々は、人類が数千年にわたって築いてきた食という遺産のごく小さな受取り手であるにすぎないのです。過去の偉大な遺産を打ち壊すのは先祖、歴史に対する侮辱です。これほどの悪はないですよ。

誤解してほしくないのですが、私は伝統に凝り固まり、変化をするな、と言っているのではありません。過去を忘れてはいけない、と言っているのです。以前、米国人のゲストに聞かれたことがあります。「この料理はどれくらいの時間をかけてできるんだ?」と。こう答えました。「15分でもあるし、2000年でもある」。調理時間は15分にすぎないけれども、レシピが生まれた背景には2000年の歴史があるということです。こういう感覚を料理人の皆さんに持ってほしい、と願っています。

そしてまた、我々料理人は料理という世界の頂上に到達することはけっしてないのだ、という意識も大切にしてほしい。私は自分を永遠のアプランティ(見習い)だと思っています。独学だったという背景もありますが、常に自分に自信がなく、自問自答を続けることで成長してきました。自分自身を常に疑い、試行錯誤をくり返す——人間として、料理人として、たどり着くことのない頂をそれでもめざし続けるためには、そんな意識が必要なのではないでしょうか。

#09

アラン・デュカス

Alain Ducasse

ル・ムーリス アラン・デュカス

1956年ランド県生まれ。16歳で料理の道に入る。'80年「ラマンディエ」（ムージャン）のシェフに、'81年「ロテル・ジュアナ」（ジュアン・レ・パン）シェフに就任。'84年二ツ星獲得。'87年「オテル・ド・パリ」（モナコ）の総料理長に。'90年、同ホテルのメインダイニング「ル・ルイ・キャーンズ」が三ツ星を獲得。世界中でガストロノミーレストランをはじめ、ビストロやブラッスリー、ブーランジュリー、料理学校、オーベルジュ、出版などの事業を展開する。

＊取材は2014年７月。情報もその時のもの

1956年、南西部ランド地方生まれ。農業を営む一家に生まれたアラン・デュカス氏は、豊富で新鮮な食材に囲まれて育つ中で、自然と料理人をめざすようになった。

ミシェル・ゲラール氏、ロジェ・ヴェルジェ氏、アラン・シャペル氏らに師事し、コート・ダジュール地方でシェフとしてのキャリアをスタート。31歳の若さでモナコの最高級ホテル「オテル・ド・パリ」の総シェフに抜擢され、就任33ヵ月後には同ホテルのメインダイニング「ル・ルイ・キャーンズ」に、当時史上最年少の若さで三ツ星をもたらした。

その後は世界を舞台にレストランやオーベルジュ、ブーランジュリー、料理学校、出版など、食に関する幅広い事業を展開しているのはご存知の通り。自身が受けた教えのすべてを世界中に伝達すべく活動を続け、料理界の振興に尽くしている。

パリ中心部。テュイルリー公園を望み、ヴァンドーム広場からもすぐの場所に位置するラグジュアリーホテル「ル・ムーリス」。このホテルのメインダイニングが、2013年9月から「ル・ムーリス アラン・デュカス」として、長い歴史に新たな一章をきざみはじめている。大理石とモザイクが織りなすきわめて優美な店内を、昼は自然光が、夜はキャンドルの輝きが照らし、美しさをより盛り上げる。

前任シェフ、ヤニック・アレノ氏から運営を引き継ぐにあたり、デュカス氏はテーブルアートを一新。野菜をモチーフにしたオブジェと銅製の製菓型を飾る他は、飾り皿とイタリア・ムラーノ製の手吹きグラスが置かれるのみのシンプルなセッティングへと模様替えした。

*

——料理への情熱が生まれたきっかけは?

子供の頃の環境と祖母の料理が、私を料理の道に導いてくれました。私は、フランス南西部の農家に生まれ育ちました。鶏、アヒル、ガチョウ、豚、牛などを

パリでもっとも古い歴史を持つ豪華ホテルの一つ、ル・ムーリス。世界中の富裕層と食通が集う。前シェフのヤニック・アレノ氏が三ツ星に引き上げたメインダイニングをはじめとするこのホテルの食部門を、デュカス氏が統括している。

デュカス氏による幅広い食活動の中でも、2004～'06年にかけて行なわれた地方の若手料理人にスポットをあてる試み、「Fou de France(フード・フランス)」は大きな話題を呼んだ。写真右端に写るブルターニュのシルヴァン・ギルモ氏（オーベルジュ・デュ・ポン・ダシニェ）をはじめ、ここで紹介された料理人の多くが、現在も第一線で活躍中。

飼っていて、まわりはいつも騒がしいほどでした。野菜もたくさん育てていて、近くの川では魚が、森に入ればジビエやキノコがとれる。牛のミルクを搾り、クリームやバターも自家製していましたね。新鮮で自然な食材にたっぷり囲まれ、やろうと思えば1ヵ月、いえ数ヵ月の間でも家族みんなが自給自足生活を送れるような環境だったのです。村のマルシェには週一度、乾物類を買うために行くだけでこと足りていたのを覚えています。

——当時の農家ではそれが普通だったのですか？

うちは動物の種類がとりわけ豊富だったと思います。冬になると、豚をつぶして加工肉を作るという伝統行事もやっていましたね。村人総出で豚をと畜し、血を洗い、部位ごとに切り分けて、ソーセージやハム、ブーダンなどを作るんですよ。

豚を殺すのは怖くなかったか、って？　いいえ。農場の暮らしで覚えるのは、食というのは多かれ少なかれ残酷なもの、という事実です。鴨を絞めて血を抜き羽をむしる。ウサギを殺して皮を剥ぐ。残酷かもしれませんが、これが真の生活だったのですよ。

鶏、ウサギ、多種多様な野菜……。大好物はたくさんありましたが、そのおいしさの秘密は「新鮮さ」に尽きたと思います。獲れたての食材をすぐに調理して食べる。生産と消費がダイレクトにつながっていたのです。今思えば、贅沢な体験でした。

——地産地消の最高の形ですね。

ええ。この体験は、料理人人生の中でずっと私に寄り添ってきました。コート・ダジュールで働いた時代には地中海の食材にフォーカスしてガストロノミーを展開しましたし、今も世界中の私のレストランで、できる限り地産地消を奨励し、季節感と地方性を大切にした料理を心がけています。好例が、私が開発したココット「クックポット」を使った料理です。世界中のグループレストランで、特別に開発したこの野菜用ココットで油脂や塩をあまり加えず、じっくり加熱した旬の野菜料理を提供しています。肉や魚の付合せではなく、あくまでも野菜が主役の料理ですから、その場所のテロワールの魅力をたっぷり感じていただけます。

モナコの「ル・ルイ・キャーンズ」では地中海沿岸の野菜が主役になりますし、東京の「ベージュ」なら、シェフのケイ・コジマが地元鎌倉の市場から毎日仕入れてくる鎌倉野菜が主役。私も訪ねたことがありますが、ニースのサレイヤ・マルシェにも劣らない、すばらしいマルシェですね。


手元の食材と自身の技術をどう結びつけるか。それを考えることこそが「料理」の真理

――話を戻しますが、料理人になったのはそうしたすばらしい環境とおばあさまのおかげ？


家族の食事はいつも祖母が作っていました。この、いかにも旨そうな祖母の料理のにおいが、料理をしたい、料理人になりたい、という欲求を私に与えたのです。母は反対しましたよ。私は長男でしたし、伝統的に農場は長男が継ぐものでしたので。でも祖母の手伝いをしながら、僕は農民ではなく料理人になりたい、と決意していました。

16歳で、地元の一ツ星店で短期間の見習い修業をしました。すぐ近くに大統領になる前のフランソワ・ミッテランが住んでいて、よく自転車で店に来ましたっけ。その後ボルドーの料理学校に進んだのですが、授業のスピードが、とくに実技部門の進み方があまりに遅く……。2年以上がんばったものの結局退学し、ミシェル・ゲラール氏の「レ・プレ・ドゥジェニー」の扉を叩きました。時はヌーヴェル・キュイジーヌが全盛期を迎えつつある1970年代後半。ゲラール氏の名声が非常に高まってきた時期です。彼の個性的、かつエレガントで洗練された創造性に感銘を受けました。そうそう、彼の名著『ラ・グランド・キュイジーヌ・マンスール』に載っている料理は、私が調理を担当したものなんですよ！

店が閉まる冬場には、パリの「ルノートル」でブーランジュリー、パティスリー、ショコラトリーも学びました。この時ちょうど、ルノートルのアトリエにいたのがピエール・エルメです。私はコミ、彼はアプランティ。いつもニコニコと笑顔で、今と同じ丸い体つきで、いかにもパティシエらしいオーラを放っていました。ピエールを見て、ああすごいパティシエになるだろうな、僕は絶対コイツみたいにはなれっこない、と思い知り、菓子ではなく料理の道で行くことを決めたのです（笑）。

——その後、2人の巨匠の元での修業を経て、コート・ダジュールに腰を据えることになります。

ロジェ・ヴェルジェ氏とアラン・シャペル氏ですね。とくに、ヴェルジェ氏のもとで出会ったコート・ダジュールの野菜や魚介の魅力には心がときめきました。氏は、伝統料理にバジルやオリーブオイルなど、香り高く色鮮やかな地中海の食材を組み込んだ料理を得意としていました。親友であるジャック・マキシマンの最初の著書は『私の料理の色、香り、風味』というタイトルですが、この土地の魅力を端的に表現していますね。

24歳の時にヴェルジェ氏が手がける「アマンディエ」のシェフになり、1年後、同じコート・ダジュールの「ロテル・ジュアナ」のシェフに就任しました。当時は私にとって、ゲラール、ルノートル、ヴェルジェ、シャペル各氏から学んだ知識をベースに、自分の料理のデッサンに取りかかっていた時期でした。それまでに学んだノウハウをまとめ、地中海の魅力をたたえた自分自身のクリエーションを考えはじめたのです。その土地に何があって（つまりどんな食材が手元にあって）、何ができて（どんな経験と技術を持っていて）、何をするか（食材をどう扱うか）。それらを考えることこそが料理である——そんなシンプルな真理に気づいたのもこの頃です。最適な調理器具で、適量を適温できっちり加熱した素材がどれほどおいしくなることか！

——ロテル・ジュアナではシェフ就任からわずか3年で二ツ星を得ました。

私にとっては遅すぎるくらいでしたよ（笑）。何年

厨房にて。右はシェフのクリストフ・サンターニュ氏。15年来のデュカス氏のコラボレーターだ。各店舗へのデュカス氏の滞在時間は短いが、だからこそ限られた時間の中で実に効率的に的確に、指示や修正が行なわれる。

かして、30歳でモナコの「オテル・ド・パリ」の総料理長になりましたが、その際に計画書をホテルのパトロンであるモナコ大公のレーニエ三世に提出しました。そこに書いたのは、こんな内容です。

「地中海の食材を豊富に使い、田舎風で食材にフォーカスした料理で、4年で三ツ星を獲得する」

実際に三ツ星を得たのは33ヵ月後でしたから、今度は予定よりスピードアップしました（笑）。その33ヵ月間というもの、三ツ星というはっきりした目標に向け、強烈な集中力を持って完璧へと果てしない追求を続ける、非常に濃密な日々を送りました。ロテル・ジュアナ時代からの右腕、フランク・チェルッティを筆頭に、スタッフ全員がいろいろなことに興味を持ち、多くの提案が飛び交い、斬新な料理でゲストの心を喜ばせる……。無我夢中でしたね。

――33歳という当時世界最年少で三ツ星を獲得して以降、世界中でさまざまな事業を展開してきました。

我々は食に関するさまざまな魅力を放つ「アトリエ」を展開できる、ということを示したかったのです。今3軒ある、パリ、モナコ、ロンドンの三ツ星店はモード界でいうオートクチュール・メゾンですが、それぞれ違ったスタイルの料理を追求しています。他にも、パリなら「ブノワ」は伝統的なブラッスリー料理を、「ジュール・ヴェルヌ」はフランス料理の魅力を総括するレストランを、というように、さまざまな土地で、その土地らしい魅力を持つスタイルの異なる店を開いてきました。

そこで大切になるのが、哲学や知識、技能などすべてを含めた「サヴォワール・フェール」。つまり「ノウハウ」の幅広い伝達と、有能なチーム作りです。コラボレーター――私はスタッフたちをそう呼びます――の多くが、10年以上も一緒に仕事をしてきた人材。腕のよさはもちろん、私の哲学をよく理解してくれています。事業を広げれば広げるほど、1人の力でできることは限られてくる。今の私の仕事は、いわば芸術監督です。コンセプトや方向性を決め、レストランならどんな器にどんな料理を盛りつけるかを考えたら、後は鍛え上げられたコラボレーターを信用し、実行を委任するのです。

100のフランス料理店に行けば、100の異なる感動が得られる

――よい料理人の条件は？

厳格さを持つこと。そして、規律、欲求もですね。これらは料理人に限らず、すべての職業において、卓越したレベルをめざすのであれば共通する資質だと思います。快適な環境で仕事ができる、という点においても、厳格さを持って仕事をし、高いレベルに自分の身を置きたいという欲求があったほうがいい。そうすればいつの間にかまわりに精鋭しかいなくなって、仕事がやりやすくなりますから。残念ながら、すべての人が卓越した仕事をしたい、と思っているわけではないですからね（笑）。

私が世界中のコラボレーターに渡している冊子があるのをご存知ですか？　私の価値観、哲学を12の項目にまとめたものです。

「情熱、喜び、共有、ハーモニー、リーダーシップ、厳格、好奇心、多様性、卓越、尊敬、勇気、記憶」

コラボレーターが常にこれらを守り、実現してくれることを私は願っています。この価値観を共有したうえで、自身の料理の確立に励んでほしいですね。

自身の料理、と言いましたが、アイデンティティの確立とも言える――これはフランス人がもっとも得意とするところかもしれません。この国には今、26軒の三ツ星店があります。そのどれもが、「個性」「作家性」をしっかり持った料理を披露している。それぞれのシェフが自身の哲学を反映した料理を作り、サービス、そしてテーブルアートや内装に至るまで、独創性を表現しているのです。それは三ツ星に限ったことではありません。フランスのどこでもいい、才能あるシェフがいる100のレストランで食事をすれば、100の異なる感動を得られることを請け合いますよ。すごい

ホテルの地下にある厨房横に、ゴールドトーンがゴージャスな個室を設置。ガラス越しに見る料理人たちの姿はまるで映画のワンシーンようだ。

2

1

1 デュカス氏愛用のゴヤール製のペンセット。氏は同社のトランクのコレクターでもある。2 1㎜単位でテーブルアートをセッティングする支配人。3 デュカス氏がパリで経営するブションデュカス氏がパリで経営するブション「オ・リヨネ」。

3

ことだと思いませんか？　基本をベースにしたうえで自分なりの解釈を表現できる。それも、多彩な表現手法で……私は、これこそがフランス料理のすばらしさだと思います。

逆の言い方をすると、フランス料理を理解するのはすごく難しいことなのかもしれませんね。なぜなら、それは一人一人の料理人の内面を理解することに他ならないのですから。

――フランス料理にどう貢献してきましたか？

わからない、20年くらい後になれば答えが出るかもしれません。私がやってきたのは、教えられ、吸収したことを、まわりの人々に与えることだけです。サヴォワール・フェールの伝達ですね。シェフからスーシェフへ、スーシェフからシェフ・ド・パルティに、そこからコミに……。知識を共有し、教え、わかち合う。こうやってフランス料理は何百年間にも渡って発展し続けてきたのです。

知識と経験を包み隠さず若い世代に教え伝えていく、という点に私は偏執的なまでにこだわっています。料理教室の展開や、自分の作品に限らず他のグランシェフやグランパティシエらのレシピ本の出版を精力的に手がけるのも、サヴォワール・フェールの幅広い共有化をめざしているからに他なりません。

――フランス料理の現状をどう思いますか？

フランス料理が世界中の料理人に与える影響は、昔も今も、計り知れないものがあります。フランス料理に携わる料理人が世界中でどれほどいると思いますか？　フランス料理専門でなくてもそこから影響を受けた料理を作る料理人は？　フランス料理のDNAは、世界中の料理人の自己表現の鍵になっていると思います。たとえば日本料理の料理人も、フランス料理における器の選び方や盛りつけに興味を持っていますよね。もちろん逆の現象も。私を含め、フランスの料理人がどれだけ日本の食文化から影響を受けていることか！

影響を与え、与えられ、これからもフランス料理は発展し続けますよ。

#10

パトリック・ジェフロワ

Patrick Jeffroy

ロテル・ド・カランテック

1952年ブルターニュ地方生まれ。14歳で料理修業をはじめ、地元やパリのレストランを経て、'74年、「ロテル・アンテルナショナル」（コートジボワール・アビジャン）のシェフに。その後フランスに戻り、'77年に「オテル・ド・ルーロップ」（モルレー）のシェフに就任。'84年一ツ星獲得。'88年、ブルターニュ地方の街プルネランに「レストラン・パトリック・ジェフロワ」をオープン。2000年カランテックに「ロテル・ド・カランテック」をオープンして本拠地を移し、'02年に二ツ星を獲得。

＊取材は2014年８月。情報もその時のもの

1952年、フランス最北西部のブルターニュ地方はフィニステール県に生まれたパトリック・ジェフロワ氏。子供の頃は近所のマルシェが遊び場で、幼少の頃から料理人になろうと決めていた。

地元のレストランで見習い修業をはじめ、徐々に実力をつけてきた氏に転機が来たのは、22歳の時。コートジボワールにあるホテルレストランのシェフとして招かれ、2年半をアフリカで暮らしたのだ。ここで経験した異国文化との触れ合いは、氏に多くのインスピレーションをもたらした。以来、世界中を旅しては、そこで出会った食の思い出を地元ブルターニュの豊富で美味なる食材にまとわせた、個性的な料理を創作するように。フランスの料理界で非常に高い評価を得る、ブルターニュを代表する巨匠料理人だ。

フィニステール県のモルレー湾は、夏はバカンス客で賑わう風向明媚なリゾート地。パトリック・ジェフロワ氏のホテルレストラン「ロテル・ド・カランテック」があるカランテックの街もこの湾に面し、ホテルの周囲にうっそうと茂る木々の奥には、瀟洒な邸宅が見え隠れする。

ホテルは真っ青な海を見下ろす丘に建ち、パノラマビューが自慢のレストランからは雄大な潮の満ち引きや、海を行く船やボート、海岸で興じる人々の姿を一望することができる。歩いて5分ほどで海に出ることもでき、リゾートらしい開放感にあふれた環境だ。

1年におよぶ工事期間を経て2000年にオープンすると、翌年には以前の店に付いていた一ツ星を再獲得し、次の年には早くも二ツ星に。地元の食材に、世界中を旅して得たインスピレーションでアレンジを加えたジェフロワ氏の料理を楽しみに、フランス最果ての地に世界中から食を愛する人々が集う。

*

——出身はブルターニュ地方ですか？

ええ、私はブルターニュのフィニステール県で生まれ育ちました。フランス最北西部に位置する県です。家のすぐそばにあるマルシェが私の庭でした。毎日のようにいろいろな屋台をのぞき、かけずり回って、ここで働く食関係の人々の様子を好奇心と感動を持って夢中で眺めたものです。5歳の時にはもう、料理人になろうと決めていましたよ。

14歳半で学校を辞め、ブレストで料理修業をはじめました。小さな店で厨房は6㎡くらい。シェフはいつもバーで飲んでばかり（笑）。私に料理のイロハを教えてくれたのはシェフではなく、私より少し年上なだけの同じアプランティでした。1年後、カランテックにあったリゾートホテルのレストランへ。家族経営で、パトロン一家はもとよりスタッフ全員がとても優しく、気持ちよく働けました。目の前が海だったのもよかったですね。小さな頃から海が大好きで、よくこの湾で夏をすごしていたのです。貝を掘ったり、海藻を拾ってかじったり……。海藻のコリコリした歯ごたえとほんのり香る甘みや潮香が好きでね。今でも、大いに料理に使っていますよ。でも、30年ほど前、初めて料理に海藻を使った時にはお客さまにびっくりされました。当時のフランスでは海藻なんて化粧品や薬にしか使われず、食べものとは認識されていませんでしたから。

その後、フィニステールの一ツ星レストランへ。ここで初めてギド・ミシュランの存在や、世界にはすばらしいレストランがたくさんあるということを知りました。シェフはパリの「ラセール」で働いたことがあり、夢のように華やかなラセールの料理や雰囲気の話を聞かせてくれました。時には実際に〝マルロー風鳩〟や〝舌平目のタンバル〟といったラセールのスペシャリテを作ってくれたり……私はもう、ただただ目を丸くするばかりでした。

このシェフの父親も腕のある料理人だったのですが、日曜日には店にやって来て、思い出話をしてくれました。彼が若い頃、誰と一緒に働いていたと思います？　なんと、ロンドンのサヴォイホテルでエスコフィエと働いたことがあるのですよ！　私は、エスコフィエという偉大な人物を、本ではなく彼を実際知る人の話で知ることができたのです。それがどんなに幸せで感動に満ちた体験か、想像してください！　ここでの2年間は、聞くこと見ることすべてが自分のためになりました。

次の働き先としてラセールを紹介されましたが、早く兵役を終えたかったので断って兵役に。私の下にいたコミは翌年ラセールに入り、後にこの店のシェフになりました。これが運命というものです（笑）。私のほうは、兵役後はサヴォア地方、ブルターニュ地方、パリやパリ近郊で働きました。

アフリカで知った〝異国の香り〟と自由なエスプリを料理に映す

――アフリカにいたこともある、と聞きましたが。

ええ。1974年、22歳の頃、当時働いていた店の顧客が、「自分が持っているコートジボワールのホテルのシェフにならないか」と誘ってくれたのです。妻と娘を連れて2年半をすごしました。アフリカはすばらしかったですね。あそこでは人生がとてもシンプルで楽しい。マルシェに行けば踊りながらバナナを売る人がいて、皆が子供のようにニコニコ笑って幸せそうでした。初めて見る果物や魚を食べたり、異国の文化や宗教に触れたりというすべてが新鮮でおもしろく、夢中になってアフリカ文化を吸収しました。

'77年にブルターニュに戻り、地元のホテルのレストランでコミから再出発したのですが、ここの厨房が最悪で、料理はまずいし汚いし。パトロンに「僕がすべてを変える。でなければ辞める」と直談判して、「ちょっとだけなら変えてもいいよ」と返事をもらいました。でも結局、料理もスタッフもすべて変えてしまい、3ヵ月後には自分がシェフに（笑）。そして'84年に一ツ星を獲得しました。

そのうち、厨房だけではなくレストラン全体で100％の自己表現をしたくなり、独立を考えるように。ほんとうはパリでやりたかったんですけどね。パリは美しく、食通も多く、そこで活躍中の友人の料理人たちもいましたし。でもよい物件との出会いがなく、結局、'88年にブルターニュの街、プルネランに「レストラン・パトリック・ジェフロワ」をオープンし、翌年に一ツ星が付きました。12年後の2000年に今の場所にあったホテルレストランを買い取って全面改装を施し、新たな本拠地に。'02年に二ツ星を得ました。

――料理人人生のほとんどを、故郷のブルターニュですごしてきたのですね。

故郷と、アフリカと（笑）。その経験は私の料理に強く反映されています。ふり返ってみると、若い頃からずっと、無意識にブルターニュのテロワールを大切にした料理を作っていました。タマネギ、アーティチョーク、魚介類、ニンジン、白インゲン豆など、近郊の食材をふんだんに使ってね。

加えて、アフリカでの体験で触れた〝異国の香り〟が、私の料理に個性を与えてくれました。もっとも、当初はなかなか理解されませんでしたが。ショウガをきかせたニンジンとアンズのパート・ド・フリュイや、サフランを香らせたマンゴーのタタン風などを作ったりしましたが、35年も前のことですから、マンゴーなんて見たことも食べたこともないというブルターニュ人がたくさんいたんです。

それでも私はあきらめませんでした。フランス料理はそもそも、外国のエスプリを多く取り入れて来た料理です。異国の食材や食文化を排除してしまったら、フランス料理は存在しないでしょう。鴨のオレンジ風味なんて典型的です。オレンジの原産地はアジアや中東ですよね？　未知の食材を使うフランス料理人は、何も私が初めてではない。単に、ブルターニュでもとりわけ端っこのこの辺りでは、そういうエスプリが育っていなかっただけなのです。

――斬新な味が受け入れられないという状況を、どう解決しましたか？

常に自由な精神で料理に向き合い続けるうち、徐々に食べ手も私の感性を支持してくれるようになりました。'82年頃にアラン・サンドランスやジャック・マキシマンと知り合えたのは幸運でしたね。彼らはそれまで私が感じ、表現してきたことを肯定し、勇気づけてくれ

ホテル裏手の、花が咲き乱れる庭園。デッキチェアが並び、ゲストの憩いの場となっている。

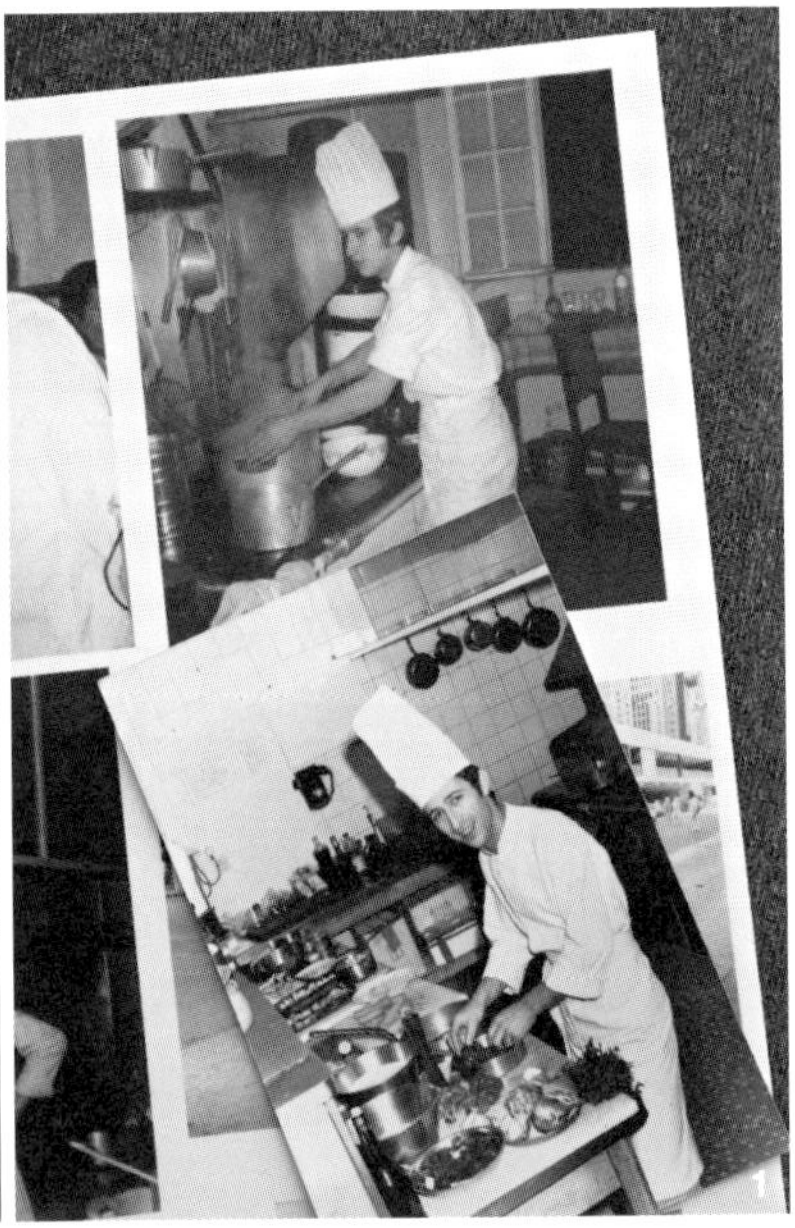

1 修業時代のジェフロワ氏。オーギュスト・エスコフィエとともに働いたことのある老料理人から思い出話を聞き、心躍らせていた頃。この後、アフリカで２年半をすごすことになる。2 '88年にオープンした「レストラン・パトリック・ジェフロワ」は１年目で一ツ星を得た。ここで12年間をすごした後、カランテックに拠点を移し、新たな活躍をはじめて今に至る。3 大の日本贔屓で、来日は７～８回におよぶ。初来日時に訪れた広島を皮切りに、東京、京都、日光など日本各地を回った。日本滞在時の思い出は、多くの写真となってアルバムに残っている。

たのです。彼らも私同様に多くの地を旅し、タブーのない料理を創造していましたから。

私は自由な気質を愛します。「自由であれ　好きなことをやれ！　海藻は薬や化粧品に使うもの？　そんなことはどうでもいい、僕は食材として好きなんだ！」ですよ。私のスペシャリテに、「カラスムギのおかゆ」があります。いわゆるオートミールです。庶民の朝ご飯で、嫌いな人も多い。でも私は子供の頃から大好きでした。この思い出の味を、テート・ド・コションとツブガイと合わせて料理にし、メニューに載せ続けています。好き嫌いはあるかもしれませんが、私の大好物だからいいんです！

日本の食文化を深く学び、日本人にしか表現できないフランス料理を作ってほしい

——フランス料理の現状をどう思いますか？

人々の、食全般に対する意識や文化が変わってきましたね。40年くらい前は、家族や親戚が揃って食卓を囲む機会が多く、自然と食に関する知識や文化が身に付きました。レストランにも頻繁に通い、ランチが16～17時まで続くこともごく普通でしたが、今はそういう慣習が廃れてしまいました。このままでは、食業界全体が急速に廃れてしまいます。私は'80年代にインタビューで、「遠くないいつか、本物の生きたレストランはフランスからなくなり、美術館のような鑑賞するための存在になってしまうだろう」と語ったことがありますが、今、それが現実になりつつあることを危惧しています。

また、真摯な情熱を持った料理人が少なくなったのも悲しいですね。今、若い料理人を見ていると、料理を仕事ではなく遊びのように考えている気がします。本気でないというか、とことん情熱を注いでいないというか。それに、今や三ツ星レストランですら、スタッフを集めるのに募集広告を出さなくてはいけない時代です。30年前にはありえなかったことですよ。料理人の仕事は確かにハードワークを求められますが、自己投資する価値のあるすばらしい職業だということを知ってほしいですね。

——よい料理人になるために必要なことは？

情熱と好奇心です。この職業の根本は、過去から未来への情報の伝達です。そして伝達は、情熱がなければ実現できません。そして常に好奇心を持つこと。でなければ仕事がオートマティックになり、興味が失われてしまいます。私は毎日、店に来る途中で花を摘みます。「ああベゴニアだ、この酸味は脂がのったスモークサーモンと合うだろうな」という感じで、好奇心のアンテナを立てて歩くのです。旅行先でも同じ。旅先の小道を散策し、見るもの聞くもの、すべてを吸収しようと心がけています。今思うと、好奇心が私を成長させ、教育してくれたと感じます。

好奇心を満たすため、料理の本もたくさん読みました。レシピ本ではなく歴史書です。世界の食文化の背景を知りたいと思っていたのです。太古の昔は、太陽に熱せられた石を使って加熱を行なった、なんて知るとワクワクしましたね。それをもとに、'83年でしたか、熱した石の上でホタテやルージエをお客自身で焼いて食べる、という料理を考案しましたっけ。この料理には、他に2つの時代の食文化も加えました。一つは、古代ローマがブルターニュを征服した頃に持ち込んだガルム。今でいう魚醤ですね。もう一つは農耕文化が定着した中世の要素。その頃、ブルターニュでは蕎麦が多く育てられていたので、蕎麦粉のガレットを付合せにしたのです。料理史に興味を持ったからこそ発想できた作品でしたね。

——料理人という職業から何を得ましたか？

ものすごくたくさんのことを！　まずは、料理をするという喜びと自己表現の手段です。子供の頃、勉強ができなかったわけではありませんが、学校がつまらなかった。小さな村にいて、自分自身が発展するのも感じませんでした。自分が誰でもない、という閉塞感に苦しんでいたんです。料理はそこから私を抜け出させ、成長させ、自己表現を可能にしてくれました。そして、多くの貴重な出会いも与えてくれた。料理人でなければ会うことができなかった、他分野にわたる偉人たち。彼らの話がどれほど興味深く、自分自身のためになったことか……。

もう一つ、歳を重ねるにつれ、若い料理人たちの面倒

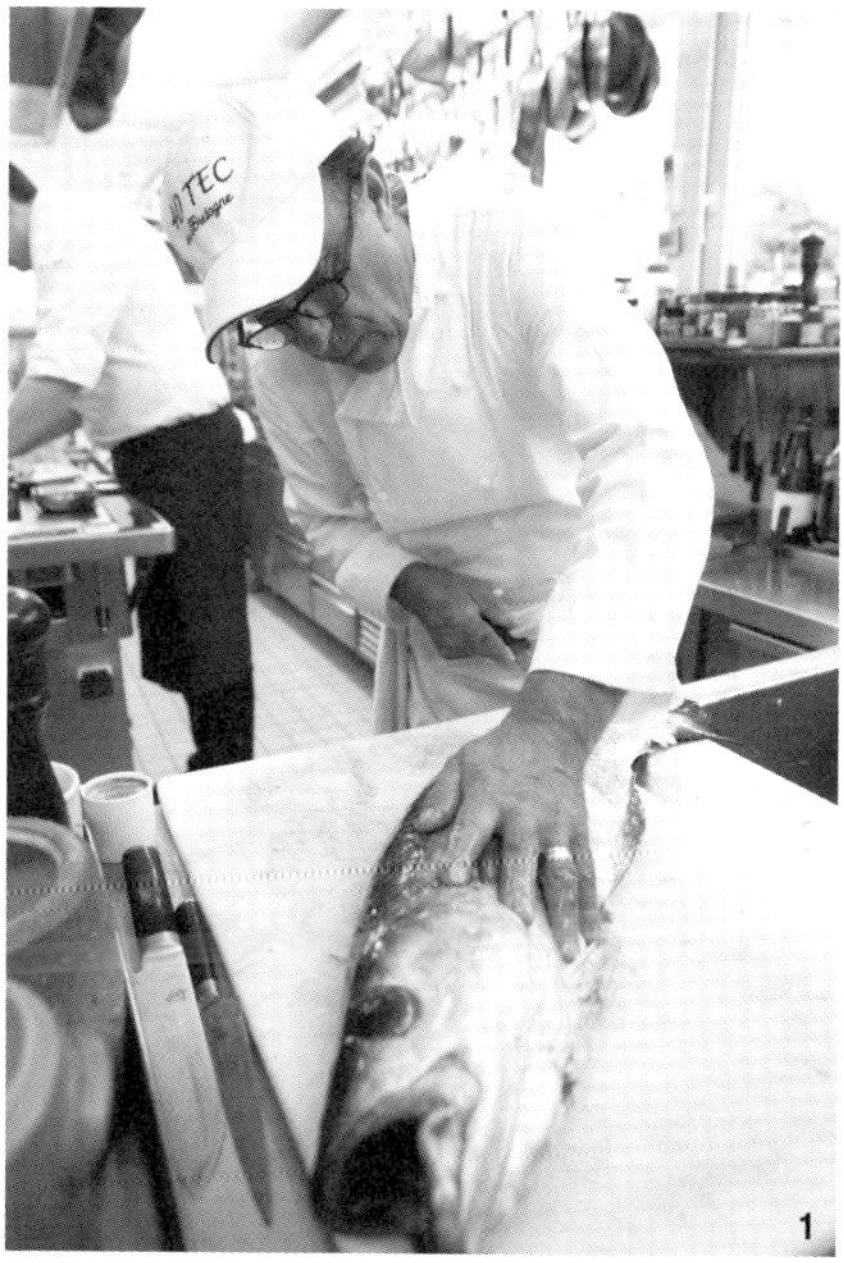

1 土地柄、魚介料理が多い。2「イワシと野菜のテリーヌ仕立て」には自家製海藻ペーストを添えて。3 以前修業に来た日本人料理人たちから、多くの手紙や写真が届く。すべて大切にアルバムに保存されている。氏は「彼は今あの店で働いてるんだよ。コイツはこんなやつだったっけ……」と、懐かしそうにうれしそうに彼らとの思い出を語る。

厨房でランチを取るジェフロワ氏。食事中もスタッフの動きを観察し、注意事項を的確に伝える。

を見てあげられる、という喜びも生まれました。情熱ある若者を、料理人人生の中で培った親友たちの店へと送り出してあげられるのをとてもうれしく思っています。「そうか、ピエール（ガニェール氏）のところに行きたいのか、ちょっと待ってろ」という感じでね。彼らの料理人としてのキャリアを手助けできるのはうれしい限りです。

——日本人料理人も、そうやってあなたのお世話になった人が多いと思います。

'84年頃から、日本人料理人たちと仕事をしてきました。今までいったい何人がうちにきたでしょうね。最盛期には6人も日本人がいたこともありましたよ。彼らにフランスの料理と文化を教え、同時に彼らから日本の技や感性を教えてもらっています。彼らは皆、腕がよく、熱心で、優しい。家族のように親身になり、仕事以外の面でも面倒を見ています。待遇にも気を遣いました。以前はよく、仲間のフランス人シェフとケンカになったものです。「お前らは日本人にやる気があるのをいいことに、安い給料でこき使い、利用してるんだ！」と思わず言ってしまったりしてね。よい仕事をした料理人は、国籍がなんであれ正しく評価するのが当然だと思いますよ。

——これからフランスに来る、日本の料理人へのアドバイスをお願いします。

フランスに修業に来るなら、いろいろな地方に行き、多様なテロワールを学ぶとよいでしょう。そして、その料理の背景、つまり歴史文化を会得してほしい。そしてこれはいつも彼らに言うことなのですが、まずは日本の食文化をしっかり学んでほしいですね。日本料理を知ることによって初めて、彼ら自身のスタイルでフランス料理を表現できるようになると思うのです。先ほども言いましたが、フランス料理は外国の食文化を吸収しながら発展して来たのです。日本の食材や文化に通じ、それをフランス料理で表現する。これは、私たちフランス人にはできない、日本人だからこそ可能なこと。日本のすばらしい食文化を心に持ちながら、私が愛するフランス料理をさらに発展させてください！

#11

ギィ・サヴォワ

Guy Savoy

レストラン ギィ・サヴォワ

1953年サントル地方生まれ。ローヌ＝アルプ地方に育ち、16歳で料理の道に。「トロワグロ」（ロアンヌ）、「ラセール」（パリ８区）、「ロアジス」（ラ・ナプール）などで修業し、'80年、パリ16区で独立。'81年一ツ星、'85年二ツ星。'87年、パリ17区に移転し、2002年三ツ星獲得。'94年にオープンした「レ・ブキニスト」（パリ６区）をはじめ、ビストロ展開も積極的に行なう。2006年には米国・ラスヴェガスにパリ本店と同じ料理を出す姉妹店「レストラン ギィ・サヴォワ ラスヴェガス」をオープン。

＊取材は2014年９月。情報もその時のもの

1953年に生まれ、リヨンを中心としたローヌ=アルプ地方で育ったギィ・サヴォワ氏。子供の頃から食いしん坊で、日々の食事を大きな楽しみに毎日をすごしていた。

生の食材が料理という美味なるものへと〝変化する〟驚きに惹かれ、料理の道に。各地の三ツ星、二ツ星店での修業を経て、'80年にパリ16区で独立した。ゲストの喜びを常に念頭においたその料理はすぐに評判を呼び、5年目でミシュラン二ツ星を獲得。'87年に移転し、2002年に三ツ星となる。

店は凱旋門のすぐそばというパリらしさにあふれた場所に建つ。2000年に、ホテルの内装や舞台装置設計の大家、ジャン=ミシェル・ウィルモット氏による大規模な改装を実施。シャープでコンテンポラリー色が強い現在の内装となった。

ダイニングルームは半個室的な造りの複数のサロンからなる。各サロンはサヴォワ氏が長年コレクションしてきたアフリカやアジア、中近東などの数多くのアート作品で彩られ、まるで美術館に足を踏み入れたかのよう。店を訪れるゲストは、洗練されつつも気取りがない笑顔のサービススタッフに導かれ、料理で味覚を喜ばせる前に、まず視覚で、サヴォワ氏の世界観を楽しむことになる。

「ゲストの時間を、とにかく幸せで満たそうと一心不乱になることが信条」と話すサヴォワ氏の歓待精神を表すかのように、メニューはフランス語の他、英語はもちろん、中国語、ロシア語、日本語版まで取り揃え、世界中からのゲストを出迎える。

*

――子供の頃から料理人をめざしていたのですか？

そういうわけではないんですが、小さな頃から、とにもかくにも食いしん坊でした。母がとても料理上手だったもので。毎朝起きるのがとても楽しみでしたね。だって、起きればおいしい朝食が待っているのですから！　パンにコンフィチュール、そして紅茶やショコラ・ショー……。コンフィチュールはもちろん自家製で、庭に生えるフランボワーズとか、夏に森で摘んだブルーベリーなどを使っていました。学校に行く時は毎日、父が鞄にリンゴを1つ入れてくれたものです。休み時間になればリンゴを食べられる、ということだけを考えながら午前の授業をやりすごすんです（笑）。お昼には、母が作るおいしい昼食が待っている家に急いで帰り、午後の授業を終えたら、再び家に帰って今度はおやつの時間。洋ナシやリンゴ、アプリコットなどをたっぷり使った季節のフルーツのタルトが大好物でした。母にタルトを作る時間がない時は、パンにバターと削ったチョコレートをまぶしたタルティーヌが定番。そしてその後はもちろん夕食です……。食べることがとにかく大好きで、1日が、〝食べる時間〟を中心にまわっていましたね。

でも、子供の頃最初になりたいと思った職業は、庭師や野菜栽培家でした。庭師は父の仕事でもあったので、草木を芽生えさせ、育てるという仕事を身近に感じていたのです。何より、土に種を植えると数週間後にはニンジンやラディッシュの芽が生えてくる——そんな事実に感動し、自然が行なう魔法のような創造だ、と感じていました。ですが、野菜を種から食べられる状態に変化させるのには時間がかかるでしょう？　料理であれば、生の素材を魚ならわずか数十秒で、鶏のローストですら1時間もかからずに、より美しく、しかもすばらしい香りを放つ品に変えることができる。そう気づいた時から、料理人へのあこがれが芽生えました。調理によってわずかの時間で鮮やかに行なわれる「変化」に魅了されたのかもしれません。食材を眺め、手に取り、混ぜ合わせて料理へと変化させる。そしてそれをゲストに提供することで、人の命を永らえさせることまでできる。調理という行為と人の命の間の緊密な結び付きにも心惹かれたのだと思います。

——豊かな食に恵まれた生活が、自然と料理人への道を選ばせてくれたのですね。

アートをこよなく愛するサヴォワ氏。店内には氏がコレクションした絵画や彫刻、オブジェがぎっしり飾られ、まるで美術館のよう。

1 20代前半、「ロアジス」のルイ・ウティエ氏のもとでの修業時代。2 店を1987年に現在地に移転し、規模を広げてリニューアルオープンした当時の様子。2000年に現在の内装に改装した。

そうですね。ローヌ＝アルプ地方に住んでいた16歳の時に料理の道に入り、ショコラティエの知人に「トロワグロ」を紹介してもらったのですが、人がいっぱいで入れず。知人のもとで1年間ショコラを学んだ後、ジャンとピエールの兄弟が厨房に立つトロワグロで3年間をすごしました。食材、技術、新しい感性……ここですべてを学んだといってもいいくらいです。トロワグロ兄弟のもとですごせたことは、私の人生にとって本当に貴重な体験でした。

余談ですが、この春、うちの店にレオ・トロワグロが研修に来ていたんです。レオはピエールの孫で、ミシェルの次男。私はレオのお爺ちゃんたちに料理を教えてもらい、今その孫を私が教える。すばらしいと思いませんか!? これこそが料理人人生の醍醐味ですよ。夢ですが、いつか、レオの子供も私の店に見習いに来てくれるといいですねえ。その頃、私もまだ厨房に立っていられればなおのこと（笑）。

——その後、「ラセール」や「ロアジス」を経て、ー

980年にパリ16区に最初の店を開かれました。なぜ地元ではなくパリで独立を？

当時のフランスの田舎では、トロワグロ、ジョルジュ・ブラン、オーベルジュ・ド・リルといった、歴史のあるレストランが力を持っていました。そういう名店が大きな存在感を発揮する中で、若者が地方で独立して成功するのは簡単ではありません。でもパリなら、勝負しやすいと思ったのです。何より、パリが持つ多様性や躍動感が好きでしたね。今よりもずっと、都市と田舎の違いが大きかった時代です。

料理界全体を見ても、当時はミシェル・ロスタン、ジェラール・ベッソン、アラン・デュトゥルニエら30代の若手が台頭し、パリのレストランに注目が集まりはじめた時代でした。レストランに行く、という行為が、それまでの「腹を満たしに行く」ことから、オペラや芝居を見に行くのと同じような「文化的行為」になってきたのもこの頃です。料理人という職業が正しく認められはじめ、料理人それぞれの個性が評価されるようになってきたのです。

——1年目で一ツ星、5年目で二ツ星。三ツ星こそ2002年まで待ちましたが、順調に高い評価を得てきましたね。

大切なのは、その瞬間その瞬間に全力を尽くすことだと思います。プライオリティは常に、13時〜15時半までと20時〜24時までのゲストの時間を、幸せで満たそうと一心不乱になること。そうしているうちに、評価は自然とついてきました。今は主要なレストランガイドすべてで最高位を得ています。夢中でやってきたことが評価され、世界中から常連のゲストが来てくれるのはうれしいですね。その喜びを、スタッフ全員と共有しています。

アートは、料理人にとって大切な2つの資質——観察眼と豊かな感性を養ってくれる

——今の店は2000年に高名な空間デザイナーであるジャン＝ミシェル・ウィルモット氏により内装を一

新し、アート作品もたくさん飾られ、美術館のようだと高い評価を得ています。

ええ、ここは、おいしいものと美しいものが共存する空間です。私は、個性ある空間を大切にしています。そして、アートはそれを集めた人物の個性が強く反映されるものです。よく、「たくさんのアートを展示していますね」と言われますが、答えは「ノン！」。私にとってこの店は家と同じ。展示しているのではなく、愛情を込めて購入したものを自宅に飾っているだけです。

人間は、アートなしでは生きていけないと思います。アートは精神の糧となり、物事を違った面から見せてくれますから。

料理人は旅行をたくさんしたほうがいい、とよくいいますが、アートにもたくさん触れたほうがいいですよ。それによって、何気なく見すごしてしまうような美しさが見えるようになってきます。先日、散歩中に、建物の外壁に直接取り付けるタイプのパラソルを見つけました。傘の部分を半円型にカットして、直接壁に取り付ける感じです。これがすごく素敵で、感性が刺激されました。見向きもせずに通りすぎる人のほうが圧倒的に多いでしょうが、気づくことさえできれば、その形や色などが発する美しさが感動をもたらしてくれる。アートには、そうしたディテールを観察する目を養い、感性を向上させてくれる力があります。そしてそれらは、料理人にとってとても大切な資質であると思います。

——よい料理人であるために必要なことは？

料理人というより、シェフに求められる資質かもしれませんが……。さっきあなたは厨房で、「スタッフが皆気持ちよさそうに仕事に向き合っていて、とてもいい雰囲気だ」と言ってくれましたね。それを聞いて、とてもうれしかったです。スタッフが、自身の職業を通して喜びを感じ、誇りと、共同意識を持って仕事にあたる……そうした環境を整えることこそが、私が考えるシェフの仕事であり、資質だと思うからです。

レストランは、スポーツのチームのようなものです。

料理と同じくらいの情熱をラグビーに傾けるサヴォワ氏。店のスタッフと“テーブルの15人”と名づけたラグビーチームも結成。料理人として、また経営者として、ラグビーから学ぶことは多いそうだ。

店は凱旋門のすぐそばの静かな小道に建つ。通りを挟んだ向かい側で以前はビストロを手がけていたが、今は個室として利用している。計画が順調に進めば、レストランは年内にパリ６区に移転し、現在の店は魚料理専門店に衣替えする予定だ。

私はキャプテンでありコーチ。そこに、ここで働きたい、という情熱を持ったメンバーが集い、チームが生まれる。彼らは私のためではなく、彼ら自身のために、私と一緒に働いているのです。私は彼らの父親ではない。同じ目標に向かうチームのキャプテンにすぎません。ずっと昔からそう心がけてきましたが、理想通りのチームが実現できたのは、今、ようやく初めてかもしれません。

――シェフとして、どうすればよいチームを作れるようになるのでしょうか？

まずは、ゲストへの心配りを全員に徹底させることです。友人を自宅に招くような感覚でサービスする、という意識をスタッフ全員が共有すると、1人ひとりが実に細かいところにまで気を配れるようになり、結果、仕事全体がすばらしいレベルに上がります。そして、厨房スタッフとサービススタッフの交流により、店全体のハーモニーを整えること。厨房とサービスのどちらが上なんてことはあり得ません。同じ店のチームメイトなのですから。

スタッフの多様性も大切ですね。私の大好きなラグビーを例にとると、いろいろなタイプの選手が混ざることにより、バランスの取れたいいチームになるのです。バックスとフォワードでは求められる役割も全然違うでしょう？　この店は、10～15ヵ国の人間が集ったチームです。いろいろな文化や宗教、個性が混じり合っても、いえ、混じり合うからこそ、魅力的なチームができ上がるのだと思いますよ。

料理は、解けることのない魔法。食べることを愛し、挑戦し続けてほしい

――あなたにとって、料理とは？

ずばり、魔法です！　子供の頃、学校がない木曜日はいつも、台所で母の横に引っ付いていました。今でもよく憶えているのは、ラングドシャを作った時のこと。粉、卵、バター、砂糖、塩を混ぜて、天板に絞り出し、オーブンに入れただけで、数分後には甘い香り

営業前のミーティング。サヴォワ氏も立ち会う中、支配人がゲスト全員の名前とともに注意事項を挙げ、サービススタッフと主要厨房スタッフが真剣に耳を傾ける。

1 店内はショープレートも含めて美術品で埋め尽くされ、食べる喜びだけでなく、美しいものを愛でる喜びも与えてくれる。2 専用の鍋で作られる数々のフォン類。3 厨房スタッフは実に多国籍。静かでテキパキしたスタッフの動きが、心地よい緊張感を生む。

を放つお菓子に生まれ変わる……魔法に包まれたような感動を覚えました。そしてその魔法に、私は未だに魅了され続けているのです。料理は、けっして解けることのない魔法です。そして食べるという行為は、幼少から今に至るまで、私にとってとても神聖で大切なものであり続けています。

――若い料理人へのアドバイスを。

食べることを愛しなさい――これがいい料理人になるための第一条件です。そして、働くことを怖がらない。食らいつき、あきらめない。われわれがしているのは、毎日昼と夜の2回、1つひとつのテーブルに全力で対峙する、すごく大変な仕事です。でもなんてすばらしい挑戦でしょうか！　毎日、数時間の真剣勝負を通してトップアスリートと同じような、ハイレベルの感動や充実感を得られるのですから。もちろんこの感覚は、努力なしには手に入りません。そして、努力を持続するには、人に喜びを与えたいという欲求を持たなくてはならない。仕事を義務と思ったらお終いです。常に情熱と喜びを感じながら厨房に立ちましょう。

――フランス料理の現状をどう思いますか？

世界的レベルで元気いっぱいだと思いますよ。フランスはもとより、ロンドン、ニューヨーク、ラスヴェガス、東京と、どの都市においてもハイレベルのフランス料理店が多くありますね。フランス料理のエスプリを自国の文化と融合させながら新たな魅力を発信していて、とてもよいことだと思います。また、フランス国内に目を向ければ、食材の力だけでもまぶしすぎるくらいです。世界を旅していますが、この国ほど食材の多様性に富んだところはありませんよ。その食材が、料理人にどれだけ多くのインスピレーションを与えてくれることか。

でも確かに、不安もあるのです。それは、今の社会が、手仕事の価値を正しく評価していないこと。すべてが大量生産、工場化する方向にある中で、料理を含めた手仕事の価値をどう保護していくかがこれからの課題になるでしょう。

#12

マルク・ヴェイラ

Marc Veyrat

ラ・メゾン・デ・ボワ

1950年ローヌ＝アルプ地方サヴォワ生まれ。山岳地帯で育ち、'78年に実家の山小屋の一隅にビストロを開いた後、'85年アヌシーに移り「ローベルジュ・ド・レリダン」をオープン。'86年一ツ星、'87年二ツ星。'92年、アヌシー郊外に移転し、'95年三ツ星。'99年に近郊のリゾート地ムジェーヴに「フェルム・ド・モン・ペール」を開き、2001年三ツ星。ゴーミヨでも両店ともに20点満点を獲得する偉業を成し遂げた。体調不良により'06年と'09年にレストランを閉店し、'13年9月に現店を開業。

＊取材は2014年10月。情報もその時のもの

１９５０年、ローヌ・アルプ地方の山間の小村、マニゴで生まれたマルク・ヴェイラ氏。両親は牛や羊を飼う傍ら、ターブルドットを経営。氏は牛のミルクを搾ってチーズを作り、母や祖母の料理のにおいを楽しみながら育った。

独学で料理を習得し、'78年に実家の山小屋の一隅に最初の店を開いたヴェイラ氏は、その後「ローベルジュ・ド・レリダン」、「フェルム・ド・モン・ペール」の２店を三ツ星に導き、ゴー・ミヨでも揃って20点という偉業を達成。体調不良のため２００６年と'09年に両店を手放したが、'13年には故郷に「ラ・メゾン・デ・ボワ」を開いて現場に復帰。幼少時代からの山の生活で得た知識や味覚をもとに、ハーブや植物を多用した個性的な料理を提供。新たな活動の場を得て、氏の料理はこれまで以上に自然に寄り添った、唯一無二の存在へと進化を遂げている。

フレンチアルプスが美しい稜線を描く、サヴォワ地方。風光明媚な観光地アヌシーからアルプスに向かって30kmほど進むと、山間の小さな村マニゴに到着する。この村からさらに峠に入り込んだ人里離れた山奥に、「ラ・メゾン・デ・ボワ」がある。氏が幼い頃、家族が夏場に住んでいた山小屋を改装したもので、レストランと客室を備えた山小屋を中心に、スパも整備。豊かな自然に囲まれた雰囲気を残しながらも、リュクス感のある内装に作り上げた。

10haを超える敷地にはパン焼き小屋、広い菜園とハーブ園、鶏や牛などの飼育スペース、小川や池もある。アルプスを見晴らす絶景に囲まれた自然豊かなこの場所に戻り、「ここでしかできない唯一無二の料理作り」にヴェイラ氏は情熱的に取り組んでいる。

＊

——２００９年にミシュラン三ツ星、ゴー・ミヨ20点という前例のない評価を得ていたアヌシーの「ローベルジュ・ド・レリダン」を手放し、'13年「ラ・メゾン・

アヌシーから車で１時間弱。幹線道路をはずれて山に分け入る峠道を進み、さらに山奥へつながる細い道を登った果て、標高1800mの高地に、ヴェイラ氏が2013年秋にオープンしたホテルレストラン「メゾン・デ・ボワ」がある。代々ヴェイラ家が夏の住居として使っていた建物を拡大改装した。

デ・ボワ」をオープン。新たな活動に乗り出しましたね。巨匠の復帰に業界が大注目しました。

アヌシーから山へ30㎞ほど分け入った標高1800mの村、マニゴ。今いるこの場所が私の故郷です。子供の頃に住んでいた家を改装して、ラ・メゾン・デ・ボワを開きました。この建物は私が知る限りずっと昔からヴェイラ家のもので、1830年代に大体今の形になったと聞いています。

家は代々続く農家で、羊や牛も飼っていました。秋冬はもう少し下の村に住んでいましたが、夏になると家畜を引き連れてこの高地に移動し、みずみずしい草を牛にたっぷり食ませ、我々も山小屋に暮らすのです。そんな思い出がぎっしり詰まった場所に戻ってくることができて、とても満足しています。

ここでは、すべてが自家製。10 ha以上ある敷地で野菜やハーブを育て、牛や羊のミルクを搾っています。雌鶏は70羽もいて毎朝卵をとるのが大変。池ではマスを養殖し、養蜂もすればパン釜でパンも焼く。まるで子供の頃の生活に戻ったようです（笑）。

――子供の頃から料理に興味があったのですか？

農業の傍らターブルドットをやっていて、そこで母や祖母が作る料理に好奇心をそそられました。そして、一歩外に出ればあたりは自然の食材であふれていた。子供の頃は学校まで毎日6㎞もの道を往復しましたが、周囲に咲き乱れる花やハーブを夢中で摘んでは味見をしたものです。後年、私の特徴となった花や植物を利用した料理は、この頃に覚えた味わいが生み出してくれたものです。

当時は祖父が毎日、牛や羊たちを引き連れて学校への送り迎えをしてくれました。彼はいつも黒い帽子を被っていて、迎えに来る時はおやつに、と帽子のつばにイチゴやフランボワーズをのせていて。そう、今、私のトレードマークになっている黒帽子は祖父になってかぶるようになったものなんですよ。

こうして料理に興味を持ち、ホテル学校に入ったのですが、よい生徒ではなかったのでしょう。「料理人に向いていない」とすぐに放校されてしまいました。しかも1校だけでなく、3校も（笑）！　仕方がないので家に戻り、家業を継いで羊飼いになりました。しかし料理人へのあこがれは強く、1978年に小さなビストロを山小屋の一角に開きました。それが私の最初の店です。

山の生活から得た知恵を注いだ、独創的な「農民の料理」で料理界を席巻

――当時はどんな料理を出していたのですか？

タルティフレット――サヴォワ特産のチーズを使ったグラタン料理です――などの郷土料理の他、ポトフやソーセージとキャベツの煮込みなど、ごくシンプルな家庭料理です。学校では何も習っていませんでしたから母や祖母の料理を見よう見まねで作ってみたり、子供の頃からの愛読書だったポール・ボキューズとミシェル・ゲラールの料理本を読んでは「こんな感じかなあ」と試したり……。この2人の巨匠の本は、昔から私の宝物です。もちろん理解できないことも多かったのですが、味を想像しながら読みふけっては「自分もこんな料理人になりたい」と夢見たものです。とはいえ、山の中という立地もあって集客には苦戦しました。結局、'85年に羊と店を売り払い、山を降りることに。サヴォワの中心都市アヌシーで、風光明媚なアヌシー湖を望む場所に「オーベルジュ・ド・レリダン」を開きました。

――オーベルジュ・ド・レリダンではオープン翌年に一ツ星、二年目には二ツ星という快挙を成し遂げました。いきなり高評価を受けた理由は？

今でこそハーブや植物の根などを多用した料理が普通になりましたが、当時は本当にめずらしかったのです。都会の人々に知られていなかった山の魅力を、私の持ち前のクリエイティヴ魂を通して表現した料理を、驚きとともに評価してくれたのでしょう。その後、アヌシー湖の対岸に引っ越し、ホテルレストランを開きました。それまでの場所は、湖は見えるけれど、ほとり

ではなかった。私はゲストの気持ちに立って、〝湖のほとり〟にこだわったのです。自分が湖で泳ぎたいからじゃないですよ。私は山の人間で、水が怖いですから（笑）。

――オーベルジュ・ド・レリダンは'95年に三ツ星を獲り、'99年には近くのリゾートに山小屋風ホテルレストラン「フェルム・ド・モン・ペール」を開店。こちらも'01年に三ツ星に輝きました。そんな名声の絶頂にありながら、立て続けに店を売却して星を返上することに。

'06年、スキー中に大きな事故に遭い、体の自由がきかなくなってしまったのです。三ツ星店を続けられる体調ではなくなってしまい、この年にフェルムを売り、3年後にレリダンも手放しました。つらかったですね……。ただ、落ち込んでばかりもいられませんから新たにオーガニック食材を使った料理をボカル（ガラス瓶）に詰めて、ファスト・フードとして提供する店を開きました。今、パリではグランシェフによるファスト・フードが流行っていますが、私が先駆けですよ（笑）。それと平行して、生家を3年かけて工事し、昨年ついにホテルレストランとしてオープンしました。

今は、35年間失っていた、子供の頃のすばらしい物語を改めて紡いでいるような気がします。今までも私の料理は「アヴァンギャルド」と言われてきましたが、ここでやっていることは、さらに未来を見すえたもの。今、提案しているのは、「ミネラル（鉱物）であり、パストラル（牧人風）な料理」。つまり、山の料理ですね。たとえば、樅の木の皮をソースにアンフュゼして香りを移したり、カエルの脚を森の石や岩で焼いたり、土で卵を加熱したり。苔も使います。

大自然に抱かれた山奥という、この場所でしかできない唯一無二の料理作りはとても刺激的です。反面、その味をコントロールするのは非常に大変なこと。自然は常に変化し、花も植物も、毎日のように風味が変わっていきますから。それを安定して料理に仕立てるためには、うつろいゆく味をしっかりと味蕾にしみ込ませ、吸収することが大切なのですが、私は何しろこれを子供の時からやってきていますからね。年期が違います。多分、世界唯一の「農民料理人」じゃないでしょうか？　今やハーブや花、植物の根などはすっかり人気食材になり、パリのランジス市場でも手に入るようですが、私に言わせれば、あんなものは山に自生するものとは似て非なるもの。夜と昼くらい違うものですよ！

料理界と世界の〝その先〟を見すえ、新たな料理の創作と社会活動を開始

――ハーブを多用し、油脂や炭水化物を控えたあなたの料理は、多くの料理人の意識を変えました。

昔から私は、人と違った、というか、〝その先〟を見すえた料理に興味を注いできました。ハーブ使いしかり、グランシェフによるファスト・フードしかり。そして今、私がとても大切に思い、目標としているのは、マルブッフ（悪食）に対する戦いです。体に悪い食材、大量生産で本来の風味を失った食材が幅を利かせ、それらを買い込んでは賞味期限がすぎればためらいもなく捨ててしまう……そんな行為がフランス中に蔓延しています。今、フランスで生産される食品の3割が残飯としてゴミ箱行きになっているそうですよ。一方で、世界には餓えで死んでいく人がいるというのに。これがどんなに恐ろしいことかわかりますか？　マルブッフは至る所に存在する、世界的な問題なのです。

現状への対抗策として、子供への食育を進めています。月に数度学校の生徒を招き、菜園や山に一緒に入り、食材の味見をさせるのです。また、すばらしい食材を作る小規模生産者が大企業に押しつぶされないよう、彼らの名を知らしめる手助けもしています。何より大切なのは、「正しい情報を広めること」。知っていますか？　フランスは、農業国で美食国としての一面を持つ一方で、世界でいちばん殺虫剤や農薬を使っている国の一つなんですよ。そんな状況で健康でいろ、というほうが無理です。よい食材と悪い食材の区別をはっきりさせ、よい食材の魅力を、きちんと説明しなくてはいけないのです。〝食材の質〟が、その権利を取

夏はハイキングやトレッキング、冬はスキーでにぎわう、こぢんまりとしたリゾート地。峠道の所々に立つ“MARC VEYRAT”の看板を追って行くと、店に到着する。

り戻すべきなのです！

フランスには、恣意的にゆがめられた情報が多く流れています。え、日本も同じ？（笑）そうでしょう。だからこそ、ゆがんだ情報に惑わされず、よい食材をよいと認識し、その価値を高めるのが私の使命なのです。

――これからの料理人は、食材や生産者との距離をより近くとっていくことになるのでしょうか。

料理という行為が「はじめに食材ありき」である以上、行き着くところは食材であり、それが育つ環境です。今後、質の高い食材を手に入れるためにはますます大きな投資が必要になってくるはずです。フランスには才能ある料理人は多い。でも、料理の才能だけではよい食材は手に入れられません。今後の料理人は積極的に良質な生産者との協力関係を深めたり、自家菜園を持っていくべきですね。そう、アラン・パッサールのように。

21世紀は、食材に投資する料理人の時代になります。私はレリダン時代、有機農法の卵や牛乳、野菜を手に入れて使うことで満足していましたが、今はさらに一

バー＆ラウンジには太い樅の木の大黒柱が。上階左手のガラス窓の奥に厨房、右手にメインダイニングを配し、地上階にはターブルドットも用意した。

歩進めて、すべてを自家製するようになりました。今、ここで出しているクレーム・ブリュレは世界最高のものだ、と自負していますよ。三ツ星時代の美しさはないかもしれませんが、その味ときたら……言葉では言い表せません。

食材への投資を1人で行なうのが難しければ、仲間と一緒に取り組んでもいい。人間の絆を作り、食材の質を保持してください。有機栽培か否かなど、本質には何の関係もありません。大切なのは、他人や土地、環境に敬意を払いながら仕事をする生産者と出会い、彼らの仕事を評価すること。そうすれば我々は自ずと、〝食と食材〟に敬意を抱くようになり、料理に対する姿勢が正しいものになると思います。

——今のフランス料理界をどう思いますか？

才能ある料理人がたくさんいて好ましいですね。ただ、ちょっと怖いのは、その才能を生かして個性的な料理を作る料理人が減っているように思えることです。現代は料理本やネットの情報があふれていて、人の料理をコピーすることに抵抗がなくなっているのでしょうね。たとえば、ボキューズの「トリュフのスープV.G.E.」、トロワグロの「サーモンのオゼイユソース」といった料理を、当時は誰も真似しようなんて考えませんでした。料理は、その料理人の個性が反映されるものですから。たとえ目隠しして食べても、これはパッサールの料理、これはジョルジュ・ブランの料理、と私にはわかりますよ。

料理人の個性が、フランス料理から少し失われつつあるとしたらこんなに残念なことはありません。常に自分にしかできないことは何かを自問しながら、料理に取り組んでほしいですね。自らに疑問を持つことは、人間としての発展につながります。友人の高名な俳優が、こんなことを言っていました。「才能ある人は、自らが好むことをやりたがる。才能に自信を持っているから。でも天才は、自分ができることを極めようとする」。深い哲学だと思いませんか？

——若い料理人にアドバイスを。

料理に対して情熱的であれ。そして、他人を愛し、歓びを与えようという気持ちを持ってください。この2つさえあれば、必ず花開くことができます。手本にするなら、ミシェル・ゲラール、ポール・ボキューズ、レジス・マルコン、アラン・パッサール、そしてミシェル・ブラス。彼らの姿勢は、料理人として生きていくうえでとてもよい指針となるでしょう。私？　手本にするにはどうかな？（笑）

私から参考にできる点があるとすれば、「困難を経験したうえで、自由である」ということでしょうか。自由な人間は強い。つらい経験をした後ではなおさらです。利益を出さなければというシビアな環境、怪我のため仕事ができない日々……そんな困難を乗り越えて自由を手に入れた時、より強くなった自分自身がいるのに気づきました。ずいぶん回り道をしましたが、私はようやく、子供の頃に愛した場所に戻り、完全なる自由の中で、森の恵みに敬意を抱きながら、新たな自己表現をはじめているのです。

#13

ジョルジュ・ブラン

Georges Blanc

ジョルジュ・ブラン

1943年生まれ。19世紀後半からヴォナに続く料理人一家の4代目。ホテル学校を卒業後、「ラ・レゼルブ」（コート・ダジュール）などで短期間修業。'60年代後半に生家に戻り、二ツ星を得ていた店を引き継いで料理のモダン化を進める。'81年に三ツ星を獲得。ヴォナやリヨンなど近郊都市に複数のビストロやブラッスリーも手がける。フランス料理の価値を世界に広めた料理人として、フランス国内で数多くの勲章や賞を得ている。

＊取材は2014年11月。情報もその時のもの

1943年生まれのジョルジュ・ブラン氏は、1872年から続く料理人一家の4代目。リヨンやマコンにほど近い小村、ヴォナで簡素な旅籠からはじまったブラン家のホテル・レストランは、ブラン氏の祖母と母の時代にミシュラン二ツ星を獲得し、名声を得た。'68年にブラン氏が経営を手がけるようになってからは、極上の料理と快適な滞在を提供するホテル・レストランとしての姿を追求し、料理のみならず宿泊施設の充実にも精力的に取り組むように。その結果、店は'81年に三ツ星に昇格。小さな村に世界中からゲストが訪れるようになり、フランスの田舎におけるホテル・レストランの代表的な成功例となった。

現在、氏は長男フレデリック氏とともに厨房に立つ傍ら、周辺にビストロやブラッスリーを展開するなど旺盛に活躍を続けている。

ローヌ・アルプ地方とブルゴーニュ地方の境界にほど近い、人口3000人弱の小さな村ヴォナ。リヨンから車で1時間ほどのこの村が、ジョルジュ・ブラン氏の本拠地だ。

ヴォナで1872年にブラン氏の曾祖父が開いたカフェ、レモネード製造所、石炭販売店は、今や6haにおよぶ広大な敷地に三ツ星レストラン、2軒のホテル、郷土の伝統料理を出すブラッスリー、ブティック、ブーランジュリーを擁する〝ブラン村〟へと成長した。

現在の三ツ星レストランとホテルは、創業時にカフェだった建物を拡張したもの。伝統的な田舎風建築の重厚さを残しつつ、明るく快適な雰囲気へとリノベーションされている。

＊

――代々続く料理人の家系のお生まれですね。

ブラン家の歴史は16世紀前半までさかのぼれます。その頃は、このあたりで農業を営んでいたそうです。料理人の家系となったのは1872年から。曾祖父が、今私たちがいるこの建物に、カフェ兼レモネード製造所兼石炭販売店を開いたのです。

20世紀初頭、私の祖母エリザの時代になると、彼女は〝ブラン母さん（ラ・メール・ブラン）〟の名前で高い評判を得るようになり、1929年にミシュラン一ツ星が付きました。「食通の王」として知られるジャーナリスト、キュルノンスキーに「世界一の料理人」と讃えられたのがこのエリザお祖母さんです。'31年に二ツ星になり、さらに50年後に私が三ツ星を獲得。二ツ星から三ツ星への時間は長かったですが（笑）、この店は'29年以来、戦時中で発行がなかった時期を除き現在までずっと星が付いている、ミシュラン最古の星付きレストランなのです。

――'30年代半ばから、お母さまのポール（通称ポレット）も厨房に加わり、〝キュイジーヌ・ド・メール（母さん料理）〟として評判を呼びました。

キュイジーヌ・ド・メールは当時の流行でした。リヨンとその近郊で活躍していた〝メール・ブラジエ〟や、この近くで店をやっていた〝メール・ブルジョワ〟など、三ツ星を獲得した母さんシェフもいたものです。ドンブのカエル、ブレスの家禽、カワカマスやザリガニ、乳製品といった地元の良質な食材を使って、シンプルな、でも味わい深い煮込みやロースト、テリーヌを作る……この地方には伝統的に、食いしん坊で腕利きのママンが多かったのでしょうね。我々の自慢であり大切な伝統です。これに敬意を表して、私はキュイジーヌ・ド・メールをテーマにした本を書いたこともありますよ。

――あなた自身、そんなキュイジーヌ・ド・メールを食べて育ったのですね。

その通りです。父は料理には興味がなく、レモネード作りの傍ら、ヴォナの村長として24年間、地域のために情熱を持って尽くしました。その間、厨房には祖母と母が立ち、石炭を使ったオーブンで料理をしていました。今、私のオフィスになっているまさにここが、当時の厨房でした。家族はこの上に住んでいて、家にはいつもいいにおいがあふれていましたね。

厨房では30人ほどのスタッフが、世界中から集まるゲストに最高の感動と思い出を与えるべくスタンバイする。

1 オフィスで冬の前半のメニューを作成中のブラン氏。現行メニューをベースに新作を加えたり、付合せを細かく変更したりと調整する。メニュー作りはブラン氏の中心的な仕事。すべての店のメニューを自ら考案し、コントロールする。2 重厚さと親密さが小気味よく共存する客席。

私も小さな頃から、週末は店を手伝っていました。とくに日曜日の昼時は大忙し。前菜作りを手伝い、それが終わると大好きなサッカーをしに行き、夜は家族一同食卓を囲んでの夕食。メニューはほとんどいつも、近郊で造られるワイン、ピュイイ・フュイッセを香らせたエクルヴィスとカエルのソテー、そして鶏のクリームソースでしたっけ。

――料理人をめざすのが当然、という環境だった？

いや、子供の頃は料理人にとくに興味はありませんでした。冒険家にあこがれていましたね。将来は空軍のパイロットに、と思っていたのですが、色弱気味だったので夢破れ……。両親の勧めるままに、レマン湖畔にある高名なホテル学校に入り、３年間みっちりと料理を学び、主席で卒業しました。

当時はホテル学校の数も少なく、料理修業といえば14歳くらいでレストランの厨房に見習いで入り、現場で一から叩き込まれるのが普通でした。私と同世代のグランシェフの多くは、そうやって料理のＡＢＣを学んできたのです。そして20年後、父親になった彼らは、自分の子供たちをレストランではなく、こぞってホテル学校に入れた（笑）。ホテル学校では、料理全般の基礎知識や技術、料理衛生学などを合理的かつ効率的に学ぶことができます。修業に入る前にこうした基礎を身につけられるというのは、料理界にとって有意義なことだと思います。厨房では日々の仕事に追われ、学校のように懇切ていねいに指導するのは難しいですからね。

――学校卒業後、すぐに家業に入ったのですか？

首席で卒業したおかげで、卒業した夏の２ヵ月間、エールフランスのキャビンアテンダントとして世界中を旅する機会を得ました。どの国でもマルシェで食材を見て、レストランに行き、食文化に触れて。海外旅行がまだまだめずらしい時代です。エアバス３８０はもちろん、ボーイング７６７だってありませんでした。ボーイング７０７の時代ですよ（笑）。その後、１年半兵役に就いて軍艦で料理をし、いくつかのフランス南部の高級ホテル・レストランで短い修業をし、'64年、21歳でヴォナに戻りました。

当時のうちの店は、星付きとはいえ家庭料理をターブルドットで食べるという気軽なスタイルで、客室も共同シャワーの小さな部屋がいくつかあるだけの、昔ながらの小さな旅籠でした。従業員もほとんどおらず、すべての施設を合わせても広さは120㎡ほど。そんな店を両親から受け継ぎ、大きく発展させることに力を注いできた50年間でした。

今はこの村に6haの敷地を持ち、村の施設だけで従業員は190人。リヨンなど他の街も合わせれば300人の従業員がいます。来春にはすぐそばに、15haの敷地を持つレストランとレセプションルーム付きのシャトーホテルをオープンする予定です。

シェフとして、また企業経営者として、地方のレストランのあり方を探る

――ジョルジュ・ブランの発展は、フランスでももっとも成功したレストラン事業の一つと見なされています。成功の秘訣は?

母から受け継いだ伝統的な料理のレパートリーや地元の食材に敬意を表しつつも、フランス全土から上質な食材を集めるようにしたことでしょうか。それにより、より豊かに季節感を表現できるようになりました。また、ヌーヴェル・キュイジーヌが台頭しつつあった時期ですから、できたて感を重視し、ソースも軽やかにして、モダンな料理を作ることを意識しましたね。そのために、フォンやソースは大量に仕込むのではなく、常に少量を作りたての状態で用意するように。3～4日も鍋でぐつぐつ煮込まれたままのフォンと作ったばかりのフォンでは、味の輝きやインパクトが全然違いますから。

料理のフレッシュさに関しては、年を重ねるごとにより大切に思うようになってきています。この店が三ツ星になった時、厨房スタッフは10人もおらず、メニューに載せる料理の数は28品でした。それが今では料理

三ツ星店の厨房と客席をつなぐ廊下には、19世紀にまでさかのぼる料理人一家、ブラン家の歴史を語る写真が多く展示されている。家族の歴史を示しながら、継承と伝達の大切さをゲストに伝える。

は16品に減り、逆にスタッフは35人に増えています。料理の数を絞り込むことでア・ラ・ミニュットな料理を増やし、その結果、より多くの人手が必要になったのです。それもこれも、すべての料理が味の奥深さと極上のフレッシュ感を花開かせられるようにと願うから。ガストロノミーレストランでは、お客さまから〝おいしかった〟という感想しか出ないようではダメだと思います。〝すばらしくおいしかった！〟という強いインパクトがなくては。

料理をモダンに発展させると同時に、地方のレストランには充実した宿泊施設が絶対に必要だ、と確信し、ホテル部門の強化にも取り組みました。パリなどの都会ならば、高級レストランは単体でも存在できます。しかし、地方は違います。せっかくおいしい料理を食べたのに、それから車で20～30分もかけてごく普通のホテルに寝に帰るのは、興ざめのひと言です。ですからレストラン自体に、快適なホテルが付随していなくてはいけないのです。

1 ヴォナ村にあるブラッスリー「ランシエンヌ・オーベルジュ」。2 来春オープン予定のシャトーホテル・レストラン。美しい池に面した古いシャトーを買い取った。横にコテージ風の客室を建設中。

大切なのは、ゲストに夢をたっぷり見させること。ここでは、夢は皿の中ではじまり、レストランのサービスやテーブルアートを経て、スパ施設を備えたホテルの快適さ、さらには周囲の美しい田舎の風景にまでつながっているのです。専用シャワーもない数部屋からはじまったブラン家の旅籠は、今、60以上もの部屋を小さなヴォナ村に用意しています。もちろん、人件費もメンテナンス費も莫大になります。でも、夢を見させられる環境作りをしているからこそ、ゲストが世界中からやってきて、11月という閑散期にも関わらず今夜も満室になるのです。

たとえ話をしましょう。美しくて高性能なすばらしい車が何台かあったとします。どれもクオリティは同じレベルなのに、なぜかわからないけれど、ある1台の車にひときわ惹かれてしまう……そんなことってあるものですよね。そうした魅力を作り出すことこそが、手がけるすべての店で私が掲げている〝エスプリ・ブラン（ブラン精神）〟なのです。ここは、わざわざ車や電車で長い時間をかけなくてはたどり着けない田舎です。一度来たらまた来たい、と思わせる強い魅力を作り出さなくては。実際にゲストの半数以上がリピーターになっていますよ。

——そうした魅力を作り出すには、料理人としてだけでなく経営者としての才覚も求められそうです。

料理人は一つの職業。そのトップであるシェフはまた別の職業ですし、〝作る〟と〝売る〟は別なので、レストラン経営者もまた別の職業です。さらに企業経営者となると、法律や経済、人材育成にも長けていなくてはならない。シェフであり、レストラン経営者であり、企業経営者でもある生活はものすごく複雑です。毎日身にしみていますよ（笑）。それでも思うのは、企業を成功に導くには、トップが、一緒に働くチームに熱狂や感激を与える必要があるということ。自ら率先して情熱を持って仕事に取り組み、自分が得る熱狂と感動をスタッフ全員に伝え、共有するのです。

料理は人生そのもの。71歳の今も、頭の中には20年分の計画が詰まっている

——料理人人生で何を大切にしてきましたか？

モチベーション。つまり、料理をしたい！という欲求です。長年高いモチベーションを維持するのは大変でしょう、と聞かれます。もしかすると、そうなのかもしれません。でも私の場合、正直なところ、年を重ねるごとに料理への情熱はどんどん増しているんですよ。自分でも驚くくらいにね。夕べは23時半に厨房を引き上げましたが、今朝は7時から厨房にいます。昔は8時半くらいにしか来なかったのに（笑）。ゲストもスタッフも皆、幸せそうでこの場所にいることを喜んでくれている。ゲストは感動し、満ち足りた気分で、支払いという苦行の後でも（笑）、楽しい思い出を持って家に帰り、また訪ねて来てくれる。しみじみ、すばらしい職業だと思いますね。このすばらしい職業を、私は母から引き継ぎ、今、一緒に厨房に立つ長男

美しい公園や川の流れに恵まれたヴォナ村。ブラン家はこの村の土地のほとんどを所有し、ホテル・レストラン、スパ、果樹園、菜園、ブティック、ブーランジュリーなどを手がける。ここはまさに“ブラン村”だ。

のフレデリックに継承しているところです。

また、過度な自信を持ってはいけない、という点も忘れないようにしてきました。自分で「この料理は傑作！」と思っても、ゲストの反応がそれほどでもないことがありますよね？　そんな時は潔く引いて、他の料理を考案するべきです。「わかってないなあ、これが最高なのに」などと考えず、ゲストが求めるものをくみ取ることが大切なのだと思います。

そのためにも貴重なのが、ゲストからの苦情やお叱りの言葉です。苦情が出るのは店のどこかに不備があるということで、それを教えてもらえるのは、私にとってはありがたいことなのです。ですから、いただく批判には、なるべく自ら返事をするように心がけています。そして詳しい調査をする。それがごく微小なことで改善する必要がないと判断したとしても、そういうことがあった、と知っておくことが大切だと思います。

――フランス料理の世界に、どう貢献してきたと思いますか？

田舎における、長い伝統を持つホテル・レストランのあり方に一つのモデルを示せたのではないでしょうか。あと8年で、ブラン家のホテル・レストランは150周年を迎えます。長く続くということは、確固とした価値と語るべきものがある、ということ。それを大切に守り、1年また1年と発展させてきました。来年は三ツ星獲得35周年を祝う予定で――そのためにも、今年同様に三ツ星が付くとよいのですが（笑）――私自身も料理人人生の50周年を祝うことになります。

今の夢は、2028年にミシュランの星付き100周年を祝うこと。その頃、私はいったいいくつになっているんですかね？(笑)。でもね、こうやって常に夢を見ながら生きていかなくては、生きる価値なんてないのではないでしょうか？　今、71歳ですが引退など考えてもいませんし、頭の中は今後20年分のプロジェクトでいっぱいですよ！

#14

ピエール・ガニェール

Pierre Gagnaire

ピエール・ガニェール

1950年ローヌ＝アルプ地方生まれ。15歳で料理修業をはじめ、'77年に父親が経営していた店を引き継ぐ。'81年、31歳でサン＝テチエンヌに「ピエール・ガニェール」をオープン。'92年同市内で移転し、'93年にミシュラン三ツ星を獲得。'96年、経営困難により閉店し、数ヵ月後にパリに拠点を移し新生オープン。'98年に再び三ツ星を獲得。現在は本店の他、世界中でレストランを手がける。

＊取材は2014年12月。情報もその時のもの

フランス料理界の天才として、1980年代から30年以上にわたって注目を集め続けるピエール・ガニェール氏。'50年にローヌ＝アルプ地方に生まれ、若くして父親のレストランを引き継いだ氏は、その後同地方の主要都市サン＝テチエンヌに拠点を移す。そこで従来の料理コードを打ち破った、自由闊達で強い個性あふれる料理を次々と創造し、一躍、料理界の寵児とみなされるように。

'93年にミシュラン三ツ星を獲得するも、'96年春に経営難により店を閉店。ところが、同年秋にパリに舞台を移して現在の店「ピエール・ガニェール」を新たにオープンし、すぐに三ツ星を奪回。不死鳥のごとく復活を果たし、その後は世界展開にも取り組んだ。

パリ8区、シャンゼリゼ通りの凱旋門近くに建つ高級ホテル「バルザック」。レストラン「ピエール・ガニェール」はこのホテルに併設されている。

アートセンスあふれるガニェール氏のスタイルが投影された店内は、照明や壁の装飾から、テーブルの装花、ハンドバック置きなどの細部まで含めて非常に個性的にまとめられ、まるで小さな美術館にいるかのような雰囲気を感じさせる。

フロアの段差を生かして2つに分かれたサロンのテーブルはゆったり配置されており、落ち着きと華やぎが絶妙に融合した、ラグジュアリーレストランにふさわしい空間を作り出している。厨房内にはシェフズ・テーブルがしつらえられており、特等席で、ライブ感あふれる厨房の様子を眺めながら食事を楽しむこともできる。

ガニェール氏の唯一無二の感性を氏の本拠地パリで体感するために世界中から訪れる人々の期待と好奇心で、店はいつも高揚感にあふれている。

＊

――出身は、料理人として最初に活躍したサン＝テチエンヌですか？

サン＝テチエンヌから数十㎞離れた、ローヌ＝アルプ地方の小さな村で生まれました。父は、同じ地方のイゼール県でホテル・レストランをやっていましたが、子供たちの教育環境の面で不便ということでサン＝テチエンヌ近郊に移ってレストランを開き、大きな評判を呼びました。でも、評判がよすぎて宴会がたくさん入るようになり、いつも仕事に追われてばかりで、子供の目から見ても大変そうでしたよ。忙しすぎるのも善し悪しですね（笑）。

そんな環境だったので、ごく自然に料理の道に入りました。４人兄弟の長男でしたから、他の道を考える余地はなかったし、これが自分の運命だと当然のように思っていました。けっして、料理に愛情をもっていたわけではありませんでしたね……。

——中学卒業後、すぐに料理修業に入ったのですね。

15歳で働きはじめました。まず「ポール・ボキューズ」に2ヵ月間だけいて、その後5～6年間はリヨンなどいくつかの都市で修業しました。これはすごい！という料理や感銘を受けた料理人との出会いは、今思うと残念ですがとくにありませんでした。というより、料理そのものに対して、愛情を感じることができなかったのです。体力的にハードで嫌だった、ということではありません。いつも全力で物事に向かうのが好きな性格でしたから。ただ、修業先の料理を取り巻く環境に、感動や興奮を感じられなかった。どの店も伝統的な、同じ作り方の同じ料理を、毎日くり返しくり返し作るだけ。料理に魂を感じられず、作り手の感情が、料理に表現されているように思えませんでした。厨房の雰囲気も、必要以上に攻撃的で乱暴でしたし。

これが、十代後半の若者だった私が受けた、当時のレストランの印象でした。私は、頭に浮かんだアイデアを皿の上に表現し、料理という行為に意味をもっと与えたかったのだと思います。だから、正直なところ、この数年間は私にとって〝失われた時間〟でした。でも、今思えば私も悪かったのです。先にも言った通り、料理に、そして食材に愛情を感じず、全然好奇心を持

メインダイニングの照明は暗めに抑えられている。そこにテーブルごとの個別照明を織り交ぜて、各テーブルにスポットライトが当たっているかのようなドラマティックな雰囲気を演出する。

っていなかったのですから。今の若い料理人はみな好奇心旺盛で、料理を取り巻くすべてを観察し、自分なりに解釈したうえで、たくさんの質問を投げかけてきます。あの時の私にもこういう好奇心があればよかったのにと、ちょっと後悔しています。

それまで存在していたものと何の関連もない料理を作る

――いつ頃から料理への愛情が芽生えたのですか？

1977年に、父のレストランを引き継いでからですね。1年ほど父と一緒に働いてから独り立ちし、この年一ツ星が付きました。そして'81年に、サン＝テチエンヌで私自身の店「ピエール・ガニェール」をオープンし、'86年に二ツ星に。'92年に市内で移転して豪華な内装に仕立て直し、翌年三ツ星になりました。'77年にシェフになってから、すべてが一変しました。毎日がワクワクするような挑戦であり、それが私を生かし、成長させてくれたのです。ただただ皿の中に自分の感性を描き出したい、と夢中で料理に向き合った日々でした。どういう料理を作れば利益が上がる、なんてことは考えたこともなかった。まあ、それが後に破産につながってしまった原因かもしれませんけれど（笑）。

私の目には、当時のフランスのレストランは、ある意味、生気を失っているように見えました。もちろん例外はありましたよ。トロワグロ兄弟やアラン・シャペル、ミシェル・ゲラールなどは、フランス料理に活力を注入した英雄です。でも、絶対数が少なかった。当時はフランス全体で、三ツ星レストランが10軒くらいしかなかったのですから。そんな状況の中で、私は自分の料理を新しい形で表現したい、料理に新たな命を与えたい、と強く願い、それに向けて全力疾走したのです。

――当時はどんな料理を作っていたのですか？

一言で言えば、自分の感情を皿の上にのせた料理、です。わかりづらいですかね（笑）。昔、初めて日本に行った時に感動したことがあります。それは、日本

1 シャンゼリゼの大通りから小道を入ってすぐのところにあるホテル「バルザック」。ホテルエントランスの横に、「ピエール・ガニェール」の独立した入口がある。2 ひとたび扉をくぐると、ガニェール氏の美的センスにあふれた、日常世界と遠く離れた空間に包まれる。

では造園や陶磁器などが詩と同じレベルのアートとして認められていて、そこに作り手の思いが饒舌に反映されている、ということ。私は、料理でも同じように表現したかったのです。

いってみれば、それまで存在していた料理と何の関連もない料理。当時のゲストは自分が何を食べているのかわからなかったでしょうね。私は古典的な技術を使いながらも、料理人としての「自制」を取り払った、自由奔放な、レシピも規則も何もない料理を、毎日熱に浮かされたように創造していましたから。火山みたいに活気と熱があって、喜ばしく、何よりきちんと〝味〟がある、ライブ感満載の料理でした。え、今もそうですって？ あの頃はもっともっと「いっちゃってた」んです（笑）。

——そんな個性の強い、ある意味〝ヘンな〟料理で地方都市で勝負することに怖さはなかった？

サン＝テチエンヌに限らず、どの都市でもある種の拒否反応はあったでしょうからね。むしろ、パリだっ

1 インタビュー中に出てきた、1996年5月11日に開催されたアラン・パッサール氏の三ツ星昇格を祝すランチイベントの様子。この翌日、「ピエール・ガニェール」は閉店した。**2** 2004年、アフリカ・マリを長期旅行した際の写真。砂漠を渡り、現地の人々の生活に触れ、多くの刺激を受けたという。今は世界中に店を持つが、「忙しくてゆっくり旅行する時間が取れないのが残念」とガニェール氏。

たらもっとひどかったんじゃないかな? 当時のパリの人気店といえば、「ラセール」、「タイユヴァン」、「ラ・トゥール・ダルジャン」、「ラ・マレ」、「マキシム」など、歴史も風格もたっぷりのグランメゾンでしたから。

当時の私には恐れやストレス、不安はまったくありませんでした。若かったし、ようやく自分がやりたいことを100%表現できる場を持てて、うれしくてただただ前進あるのみ! だったのです。この時から、料理は私にとって職業ではなくなりました。人生そのものであり、自分自身であり、それを通して自分が存在できる対象になったのです。あなたたち日本人が言うところの、〝IKIZAMA(生き様)〟になったわけです。

そして、それが成される場所はレストラン。レストランは私の人生の舞台であり、ここですべてが行なわれます。私は、食材が生まれ育つ菜園や海、山といった場所からは、あまりインスピレーションを受けません。私の料理はレストラン、つまり厨房という聖地で魂を得て、皿の上に生まれるのです。

——ところが、サン＝テチエンヌの店は'96年にミシュランに三ツ星を返上して破産、閉店。そしてわずか数ヵ月後にはパリに新たな店を開きました。

今ここでお見せしているアラン・パッサールと一緒に写った写真（右頁上段）には、とても強い思い出があります。これは、忘れもしない、'96年5月11日のランチの時に撮ったもの。この年、三ツ星に輝いたアランの栄光を祝すための会食だったのです。その翌日、私の店は閉店しました。思い出すと、胸がいっぱいになりますね……。そして半年後の11月24日に——あれ、ちょうど今日ですよ！——18年前のちょうどこの日、この場所で、私の新たな活動がはじまったのです。ありがたいことに2年目には三ツ星を取り戻し、今に至っています。パリに来てすぐに店が大評判になったことで、それまで20年間やって来た仕事に対する評価が明確に与えられた気がしました。うれしい反面、ちょっと驚きもありましたね。三ツ星で破産という悲劇のヒーロー的なイメージも幸いしたのかもしれません（笑）。

その後、客層は飛躍的にインターナショナルになり、世界中から仕事のオファーが舞い込むように。今は世界9ヵ国で計11軒の店を手がけています。この春からは、すぐ近くにある老舗ブラッスリー「フーケッツ」のメニュー開発にも携わります。フーケッツが本来持っていた、フランス的な美しさとエレガンスをまとった独創的な料理を考えていきたいと思っています。

世界展開は自分で積極的に望んだことではなく、先方に望まれ、それを実現してきた結果です。世界で自分のスタイルを楽しんでもらえる喜びと同時に、世界の食文化に、自分自身はもちろんスタッフも触れることができるという利点も感じています。たとえば、アジアに3軒の店を持っていますが、東京、香港、ソウル、それぞれの食文化や食材、生活様式は違います。それをきちんと把握したうえで、その場で自然に湧き出るエモーションに従い、クリエーションを行なうのです。

また、ある国で触発されたイメージや感性を、また別の国のレストランの料理に投影することもできる。自ずと沸き上がってくるエモーションを料理に形作るのは、最高にエキサイティングですよ。興味が続く限り、こうやって料理を続けていきたいと思っています。

何を欲し、表現したいかを自分自身が知らねばならない

――フランス料理から何を得ましたか？

自由でいられる方法です。料理は、私が私らしく存在することを可能にしてくれました。人生に、生きる意義を与えてくれたのです。意義が感じられないと、生きていくのはつらいですよね。制約を打ち破り、羽ばたくための情熱を与えてくれる「料理」というものを見つけることができて、幸せだったと思います。'77年に初めてシェフになって以来、料理に対する情熱や欲望が冷めたことはありません。破産してからの数ヵ月間は、とりわけ料理への欲望が募った期間でした。こんなに愛して夢中になっている料理ができない、ということをとても理不尽に思い、不公平だと感じました。この時期に、いい意味で料理に対しよりアグレッシヴになったと思います。

――フランス料理の現状をどう思いますか？

健全でいい状態じゃないですか。クラシックからアヴァンギャルドまで、実に多種多様な料理が、それぞれすばらしいレベルで表現されています。

我々の世代は独立といえばガストロノミーをめざすのが主流で、それをガイドブックなど紙媒体が評価したという時代でしたが、今の若い世代では、少ない資金で開けるカジュアルタイプの店が流行っていますね。デジタル媒体を通して、シンプルなスタイルの店も幅広いPR活動を行なえるようになったことも影響しているんだと思います。また、オムニヴォールやフーディングなど、新たなタイプの料理を評価するメディアが生まれたことも、フランス料理の底辺が広がるという意味でよい傾向ですね。

若くして独立する料理人が増え、経験は足りているのか？　という意見を耳にすることもありますが、別にいいじゃないですか。ガストロノミーというマラソンを走るには長いトレーニング期間が必要ですが、軽いジョギングをするためなら、そこまでの準備は必要ないでしょう？　すべては自由なのです。周囲の状況を見極めたうえで、自分が好きなようにやっていくのがいちばんです。今のフランス料理は、上の世代も下の世代も、経済危機など社会の変化をしっかり乗り越えており、それぞれとても良好な状態です。そしてその力強さは、世界の国々の料理にも大きく影響を与えているように見えます。

——若手料理人へのアドバイスをお願いします。

自分自身、そして自分の料理に対して常に誠実でいてください。若い頃は、他人の料理の影響を受けるのは当然だし仕方ないことです。でも、ある時期になったら、他人の料理を取り込むのではなく、自分自身が何を欲し、何を表現したいのかを知らねばなりません。それには常に自分を見つめ直し、料理と密に向き合う必要があります。ふり返ってみると、私は本当に料理しかしてきませんでした。友達と遊びに出かけることもほとんどなかったし、コンサートなど行ったこともない。これほどまでに料理と深い関係を築いたからこそ、今の自分の料理が生まれたのではないでしょうか……まあでも結局のところ、遊びたい人は遊べばいい。各人がそれぞれ自由に判断して好きな道を進めばいいのです。他人の評価を気にする必要はありませんよ。

忘れてはいけないのは、料理は、成功者と呼ばれるためや、金儲けのための手段ではけっしてない、ということ。料理をするという行為の喜び、そして食べ手のために料理を作ることの喜びと責任をしっかり意識しさえすれば、料理は間違いなく、あなたに最高の人生を与えてくれますよ。

#15

アラン・パッサール
Alain Passard

アルページュ

1956年ブルターニュ地方生まれ。14歳の時、故郷で料理修業をスタートし、その後は「ラ・ショーミエール」（ランス）、「ラルケストラート」（パリ）などの名店で研鑽を積む。'80年「ル・デュック・ダンガン」（アンガン）のシェフに就任し、２年で二ツ星に。'84年にシェフに就任したホテル「カールトン」（ベルギー・ブリュッセル）でも２年で二ツ星を獲得する。'86年に「アルページュ」をオープンし、'96年三ツ星。2000年頃より野菜料理に注力し、広大な菜園を保持する。

＊取材は2015年１月。情報もその時のもの

現代フランスガストロノミー界の第一人者として、強い個性を放ちながら活躍するアラン・パッサール氏。1956年にブルターニュ地方に生まれ、「ラルケストラート」をはじめとするトップレストランで修業。高い基礎技術と自由な創造力を見事に融合させた料理で、若くしてシェフを務めた2軒のレストランをそれぞれ2年のうちに二ツ星に導いた。

'86年にパリ7区に「アルページュ」をオープンし、2年後に二ツ星、'96年に三ツ星を獲得。優れた加熱技術を武器に、「火入れの魔術師」と呼ばれ、とくに肉料理に定評があったが、2000年頃、野菜料理を重視する方向へ大きく舵をきった。今はブルターニュとノルマンディーに自家菜園を作って数百種類の野菜や果物、ハーブを育て、野菜料理の第一人者として大きな存在感を示している。

官庁や大使館、美術館が立ち並ぶパリ左岸のヴァレンヌ通りに「アルページュ」はある。前身は、アラン・パッサール氏が師事したヌーヴェル・キュイジーヌの旗手、アラン・サンドランス氏の「ラルケストラート」。サンドランス氏が店を移転するのに伴い、売りに出ていた店を購入したものだ。ドアを開けると、通常イメージする豪華な三ツ星店の内装とは一味違うしつらえに、初めて訪れるゲストは驚くかもしれない。

小さめのスペースにぎっしりとテーブルが並び、地下の石造りのカーヴも客席として使用。テーブルの上には自家菜園で採れた野菜が、花の代わりに飾られている。厨房に続くドアの横には、パッサール氏に最初の料理の手ほどきをした祖母ルイーズの肖像が飾られ、愛孫の店を静かに見守る。

＊

――どんな子供時代をすごしましたか？

ブルターニュ地方の小さな街に生まれ育ちました。人は皆、物心がつくにしたがって自分の家族を「発見」していくものですが、私は自分の家族の中に「アーティスト」の姿を発見しました。父はクラリネットやサクソフォン

1 美術館や官庁が立ち並ぶ静かなエリアに店は立地。自家菜園の野菜や果物を装飾にも多用する。2 店のすぐそばにある、パッサール氏の美的センスが詰まったオフィス兼ギャラリー。

を奏でる音楽家、母は裁縫師、祖父は彫刻家であると同時に籐製品も作っていました。父の器用な指の運び方、母のはさみや布、チョークを扱う細やかな指使い、祖父の力強い手の動作……。彼らの手の動きはすべて美しく、私はひたすらそれを観察し、心奪われていたのです。

私に料理のABCを教えてくれた祖母は、自宅でターブルドットをやっていました。ウサギや家禽のテリーヌ、野菜のスープといった彼女の料理は、まさに「食材」によるアート。彼女の動作は常に精巧で、私はただただ見とれるばかりでした。学校帰りに毎日のように祖母の家に寄って、料理を手伝いました。祖母とは本当に多くの時間をすごし、いろいろなことをおしゃべりし、とても近しい関係でした。

私がとりわけ興味を持ったのは、そうした仕事の「結果」です。オーブンに鍋が入る時はいつも、「どんな状態になって出てくるんだろう？」と興味津々で、オーブン前に座り込んでは結果が現れるのを待ち焦がれたものです。楽しい時間でしたね。炎とそれがもたらす変化や結果――つまりキュイッソンです――が好きだったのだと思います。炎は光であり、絵画のようでもあり、そして何より加熱という変化をもたらす力です。この強さを手なずける魅力にその頃から捕らわれていたのです。

今、趣味で紙や布を使ったコラージュを作っていますが、これは母の仕事の影響でしょうね。サクソフォンを吹くのは父からの影響。つまり私は、アーティスト一家であった家族の、それぞれのジェスト（行為）の美しさに惚れ込み、今、それを自分自身で実現しているのです。

兄弟ですか？　兄が1人。彼は魂のアーティスト、司祭をしています。

“加熱”という工程の中に多くの創造性が潜んでいる

――料理の道に入ったのはいつ頃ですか？

14歳で家を出て、料理修業に入りました。ブルターニュでもトップクラスだった店、「リオン・ドール」での、あこがれの料理修業です。白いコックコートと千鳥格子のパンツを身に付け、コック帽をかぶって……。すごくきれいなコスチュームだと思い、うれしくて自慢でしたよ。仕事は密度がとても濃く、有益なものでした。もちろん大変でした。1日18時間も厨房にいることも少なくなかったですし。でも、料理を学び成功したい、という気持ちが強かったので、厳しい修業に向かい合う心構えはできていました。自分が何かを成し遂げられる、ということを自分自身はもちろん家族のためにも示したかったのです。

ここで4年間基礎を学んだ後、故郷の街に戻ってパティスリーで働きはじめました。情熱ある師匠で、とてもいい関係で仕事ができました。師匠といい関係を築くのは、修業時代においてとても大切なこと。師匠を尊敬し、五感を研ぎ澄まし、彼らから多くを学び取る……楽しい1年間でした。パティシエに転向しようと本気で考えましたっけ（笑）。今も、粉や砂糖、卵を扱うのが大好きですよ。自分の店でも、パティスリー部門でできることがまだまだいろいろあると思っています。

その後、他の地方も見たくてシャンパーニュ地方のランスに。星付き店にたくさん求職の手紙を書き、返事をくれたのが二ツ星の「ラ・ショーミエール」。ガストン＆ジェラール・ボワイエ氏の店です。郊外にあり、とても家族的な雰囲気で心温まる店でした。いろいろな店で修業をするのは、料理人としての器量を広げることにつながります。私には3人の師匠がいます。リオン・ドールのミシェル・クルヴィエ氏からは加熱を、ガストン・ボワイエ氏からはソースを、そしてアラン・サンドランス氏からはクリエイティビティを学んだのです。

――1977年に入店したサンドランス氏の「ラルケストラート」は、当時、大注目の店でした。

熱狂に包まれた、ものすごい店でした。三ツ星になる前年のことでしたが、驚きの連続でしたよ。嘘のように小さい厨房で、びっくりするような、今までに見たことがない料理が作られていたのです。オマールとヴァニラ、鴨とオマールとマンゴー、キャベツとフォワグラといった不思議な組合せに、さまざまな加熱や味つけ……今までやってきたこととまったく別の世界の料理が、日々生ま

店のすぐそば、ブルゴーニュ通りにあるオフィス兼ギャラリー。パッサール氏が料理をテーマに創作したさまざまなコラージュや、オマールやカニなど食材のブロンズ像、食器メーカーとコラボレーションした皿、著書などが展示販売されている。オフィスの様子も覗くことができる興味深い空間で、日中いつでも見学可能。パッサール氏の芸術家魂を感じるのに絶好の場所だ。

れていました。昼と夜、2チーム体制で大勢の料理人が働いていて、みなが一丸となってサンドランス氏を支える。いや、本当にすごい体験でした。

――3年後、ラルケストラートを出ましたね。

23〜24歳だったでしょうか。シェフとして料理を作ってみたくなったのです。パリ郊外、アンガンのカジノ内レストランに入り、1年目で一ツ星、2年目で二ツ星が付きました。なぜこんなに早く評価されたか？　なぜでしょうね。より高みに行きたい、と決意し、それに向かって突き進んだだけです。いつも思いますが、料理人は仕事がすべて。フレディ・ジラルデ氏の言葉「10%はインスピレーション、90%は汗」に大賛成です。私も、当時は2年間、ただの1日も休みを取りませんでしたよ。

サーモンとイクラ、ハーブをきかせた鮮魚のスパイラル、ラングスティーヌとキャヴィア、ショコラのミルフイユなど、私の代表的な料理のいくつかはこの時期の創作。自分自身の皿を作れるようになり、すごくうれしかったですね。その後、ブリュッセルのホテルに請われてオープ

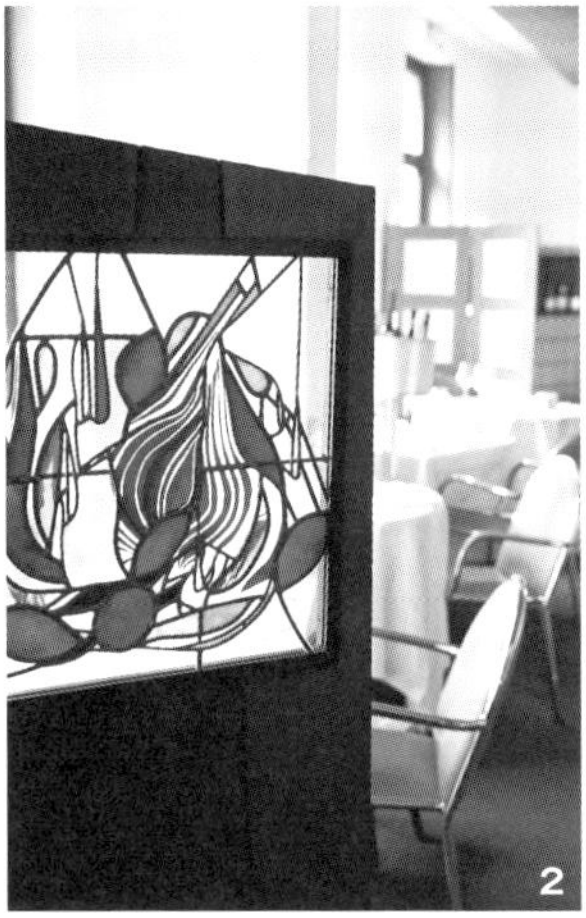

1 1970〜'80年代、アラン・サンドランス氏がヌーヴェル・キュイジーヌで一世を風靡した場所に、今はパッサール氏の野菜料理を求めて世界中からお客が集まる。昔も今も、ここは美食の聖地だ。店名の「アルページュ」は音楽用語で「アルペジオ」のこと。「美しく詩的で、歌うように響くいい名前じゃないですか？」とパッサール氏。自身の名前をつけなかった理由を尋ねると、「"レストラン・アラン・パッサール"？　いやいや、絶対にない（笑）」と苦笑した。2 店内のパーティションには、パッサール氏の手によるコラージュをデザインしたステンドグラスが。

ニングのシェフになり、また2年で二ツ星をもらいました。

——そしてパリに戻り、'86年10月14日に「アルページュ」を開店。'87年に一ツ星、'88年に二ツ星と破竹の勢いで料理界を席巻しました。

サンドランス氏が「ルカ・カルトン」に引っ越し、ラルケストラートの場所が空いたのです。私にとっては自宅のようであり、自分のルーツがある場所。すばらしい思い出に包まれた特別な場所でしたから、ここに入居できたのは幸運でした。料理人が店を開く時、どこにでも、というわけにはいかないと思うのです。自分の思い入れがあり、物語のある場所で独立することが大切じゃないでしょうか。

私はこの場所で、子供の頃に魅せられたのと同じままの思いを持って、「加熱」を意識した料理を作ってきました。加熱の中には多くの創造性があり、加熱法自体がクリエイティビティなのです。今も、私の店は〝炎〟でグリエやロティを作ります。炎を観察し、感覚を覚醒させ、見て、聞いて、触って、料理を発展させるのです。なぜ、今の料理人は真空調理や芯温計を使うのか？ それは失敗を恐れているからです。でも、失敗なしに成功はありません。失敗を通してのみ、それまでのやり方を修正し、豊かに成長することができるのです。オーブンに入れて何℃で何分とボタンを押すだけ……。こんな行為に喜びがあるとは思えないのですが、まあ、人それぞれですからね。個々の選択を、尊重しますよ。

――二ツ星から三ツ星まで、8年間待ちました。長かったですか？

当初は厨房も内装も時代遅れで、三ツ星を獲れるような環境ではありませんでした。'92年に全面改装をし、初めて自分自身の店になった気がします。'96年に三ツ星になり、人生が変わりましたね。より自由に、より多様性に富んだ仕事ができるようになり、飛躍につながりました。それからわずか4年後に野菜中心の料理に転向した時も、自分の頭の中には明確な方向性がありましたから、自分が信じるままに進むことができました。

――そして、野菜のガストロノミーというフランスには存在しなかった取組みがはじまりました。

肉料理が主役だったフランス料理界ではかなり騒がれました。あなた方日本人は、すぐに共感してくれましたが。あの頃、私自身も今までとは違う仕事をしたいと願うようになり、そこに狂牛病が発生し、食材について熟考せずにはいられなかったのです。

野菜料理は、それまで自分がやってきた料理とはまったく違うものでした。それは、絵画であり、クチュールだったのです。それまで培った料理知識をすべてつぎ込み、応用し、新たな世界を発見しました。すばらしい体験でしたね。その体験と喜びはずっと続き、より大きくなり、今に至っています。

フランス料理の歴史に、わずかでも「何か」を付け足す義務がある

――〝エコール・パッサール（パッサール学校）〟と呼ばれるように、優れた若い料理人を多く輩出してきた点も高く評価されています。

1・2 ブルターニュ地方とノルマンディ地方に自家菜園を持ち、数百種の野菜や果物を栽培。鮮度抜群の産物が毎日のように店に届く。取材時期にはニンジン、ベトラーヴ、チョロギなどが旬を迎えていた。

なぜだと思います？　それは、私が毎日ここにいるからです。手に手を取って教え、見せる。菜園にいる時以外はなるべく厨房にいるようにしています。ここで行なわれるすべてを把握し、すべてについて語れるようにね。もちろん、すべての料理人がそうあるべきとは思っていません。私は私自身で、一つの店の厨房に常にいる料理人、という選択をしたまでです。何より、とにかく料理が大好きで、オーブンや鍋に手を突っ込んでいることをやめられないのです（笑）。

明日、来年、10年後と成長し続けたいと思えば、日々料理をする以外に方法はない。生涯が修業なのです、画家や音楽家、彫刻家と同じように。手は、使ってこそより美しくなる。日々、仕事をしないと手はダメになってしまいます。ピカソでしたっけ、こう言っていますよね。「1日描かなかったら自分でわかる、2日描かなかったら皆もわかる」。それが3日になったら？もうおしまいですよ（笑）。

――自分のキャリアをふり返って何を感じますか？

あまりふり返って考えたことがありませんね。いつも「今がはじまり」と感じています。いつも満足すると同時に、常に高みをめざし、そこに至るために必要なほんの小さな事柄をひたすら探す。そこには常に発見があり、飽きることがありません。

発見する喜びを得るには、感覚を研ぎ澄まし、感動することが大切です。旅、本、デッサン、光、庭、音……対象は何でもいい。たとえば仕事場に行く時、家から店という出発点と到着点はいつも同じです。でも、今日はいつもと違う道を通ってみようか、遠回りしながら行こうか、と考え、実行してみる。そういうことが大切な気がします。私はゲストやジャーナリストと話す時も、いつも少しずつ違う感じに話すよう心がけているんです。よく話題に出る祖母のことについても、そのつど違ったエピソードを語ったりね。

――今のフランス料理界をどう思いますか？

すごくいいですね！　過去最高の美しさがあるのではないでしょうか。何より、希望があります。我々星付きシェフからなる〝エトワールチーム〟が確固とした存在感を持っているとすれば、才能ある若手料理人たちからなる〝エスポワールチーム〟は、まるで火山のようですよ。多くの才能が集い、野望がうごめいています。彼らは本当によく働きますしね。もちろん、全員とは言いませんが（笑）。

怠け者は嫌いです。よくない料理を作るのは、決まって怠け者ですから。さっきも言いましたが、ジラルデ氏の言葉通り、いい料理人になるためには多くの汗が必要なのです。彼はこうも言っていましたっけ、「オレの店では、怠け者しか支払いしないんだよ」って。彼はいつも、才能ある熱心な料理人が食事に来ると、ごちそうしてあげていたのです。

――あなたは料理から何を得ましたか？

フランス料理は料理人に何を与えるのか……三ツ星を得て、権威と同時に、とても重い責任が与えられました。世界におけるフランス料理のイメージは、三ツ星料理人にとって大きな責任です。常に最高のフランス料理を世界に対して披露し、長い歴史が培ってきた「フランス料理」というものに、わずかでも「何か」を付け足さなくてはいけません。

フランス料理はこれまでも、すばらしい食材とすばらしい料理人たちを通して見事な歴史を紡いできました。何十年もの間、フランス料理を盛り立ててくれてありがとう、ムッシュ・ボキューズ、ありがとうムッシュ・ルノートル、ありがとうムッシュ・ゲラール、ありがとうムッシュ・サンドランス……。

今度は私たちの番。あなたたちからバトンを受け継ぎ、価値を損なうことなくより発展させていきます――常にそんな意識を持って料理をしています。そして我々の世代の後には、今の若者世代、ダヴィッド・トゥタン（レストラン・ダヴィッド・トゥタン）やベルトラン・グレボ（セプティム）たちがさらにバトンを引き継いでくれるのです。なんてすばらしいことでしょう。私は料理というすばらしい芸術文化の一端を担い、その歴史の一証人になれたのです！

初めて訪れる人々が皆、「こんなに小さな厨房で、あの料理を作っているのですか！」と驚く小ぶりの厨房で、唯一無二の野菜料理が次々と創造される。「前身のラルケストラートの厨房は、もっと小さかったですよ（笑）」とパッサール氏。厨房は、ブイヨンの香り高い湯気やバターが熱せられる甘い香りでいっぱい。

Part 2

地方レストラン編

フランス料理の巨匠たち
歴史を受け継ぐ29人の言葉

#16

ルネ・メイユール
René Meilleur

#17

マキシム・メイユール
Maxime Meilleur

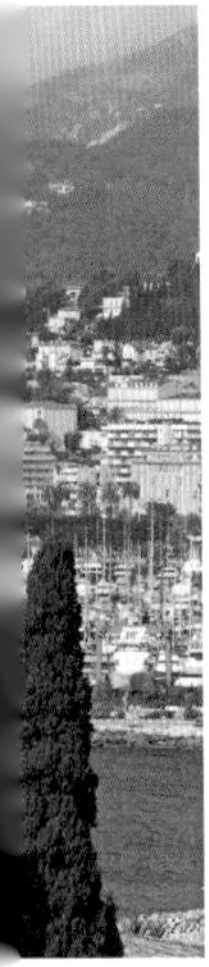

#18

Olivier Bellin《オリヴィエ・ベラン》

#19

マウロ・コラグレコ

Mauro Colagreco

#20

アレクサンドル・ゴーティエ

Alexandre Gauthier

#22

アレクサンドル・ブルダス

Alexandre Bourdas

#21

オリヴィエ・ナスティ

Olivier Nasti

#23

Emmanuel Renaut《エマニュエル・ルノー》

#24 Michel Troisgros《ミッシェル・トロワグロ》

#25 César Troisgros《セザール・トロワグロ》

#26

アレクサンドル・クイヨン

Alexandre Couillon

#27

アルノー・ラルマン

Arnaud Lallement

#28 Gilles Goujon《ジル・グジョン》

#29 Laurent Petit《ローラン・プティ》

本編は『月刊専門料理』の連載「フランス 地方を巡る旅」
（2016年４月号〜2018年４月号）を再構成したものです。

#16　#17

ルネ & マキシム・メイユール

René & Maxime Meilleur

ラ・ブイット

1950年サン=マルタン・ド・ベルヴィル生まれ。14歳で料理の世界に入り、'76年「ラ・ブイット」をオープン。'90年代に息子のマキシム氏が厨房に加わり、本格的にガストロノミー料理の追求をはじめる。2003年ミシュラン一ツ星、'08年二ツ星、'15年三ツ星獲得。

1975年サン=マルセル生まれ。雪山育ちの強みを生かし、青年時代はバイアスロン選手として活躍。フランスチャンピオンに輝いたこともある。'96年、父ルネのもとで料理修業を開始。ルネとともに厨房に立ち、日々新作のクリエイションや生産者の開拓に力を注ぐ。

＊取材は2016年２月。情報もその時のもの

「サヴォワ地方」とはフランス東部、イタリアとスイスに国境を接するサヴォワ県とオート・サヴォワ県を指す旧称で、現在はローヌ＝アルプ地域圏の一部にあたる。にもかかわらず、今も「サヴォワ」と呼ばれることが多いのは、イタリアやスイスとともに長きにわたりサヴォイア公国を形成し、フランス領となったのは19世紀半ば、という歴史によるものだろう。

山と谷に囲まれたサヴォワは古くからアクセスが悪く、そのためイタリアの影響を色濃く受けた独自文化が残っている。放牧が盛んで、乳製品やシャルキュトリー、淡水魚などが特産品。比較的標高が低い北側のオート・サヴォワ県には風光明媚な湖を中心とした風景が広がり、往年の名店「オーベルジュ・デュ・ペール・ビーズ」、「メゾン・ド・マルク・ヴェイラ」、「フロコン・ド・セル」など多くの三ツ星店を輩出してきた。

一方、南のサヴォワ県は3000m級の山が連なる天然の要害。以前はスキーリゾートとして知られるのみだったが、この10年ほどで美食エリアとして注目されるようになった。地元のシェフはもちろん、ピエール・ガニェール氏らパリのトップシェフがレストランをプロデュースするケースも増えている。10軒近くの二ツ星店が立ち並ぶ中、2015年、人口400人のサン＝マルセルにある「ラ・ブイット」が三ツ星を獲得。父ルネと息子マキシムのメイユール親子が山の素材を駆使して生み出す料理は、この地に生きる喜びをストレートに伝えてくれる。父と子、それぞれに話を聞いた。

＊

戦後の影がまだ残る1950年に、私は生まれました。このあたりの住人が皆そうだったように、農業と酪農、畜産で暮らしを立てる家でした。麦を育てて粉を挽き、パンを作る。牛を追って乳を搾り、バターやチーズを作る。豚をつぶしてシャルキュトリーを作る……食材を他所で買うことはほとんどなかったですね。

当時は14歳くらいで仕事をはじめるのが普通でした。

ホテル・レストランである「ラ・ブイット」。温かみのある木造建築で、手前に付き出した部分はルネ氏が自らの手で建てたものだ。

私も地元の小さなレストランに皿洗いの口を見つけ、その後コミとなり、料理の基本を学んだのです。10年ほど働いた後、近くのサン＝マルセルにジャガイモ畑を購入し、そこでレストランを開くことにしました。土地をならし、建物を建てて……ええ、自分で建てましたよ。サヴォワの山では、何をするにも自分たちの手でやらなくてはいけない。そういう環境だったのです。

こうして'76年12月に「ラ・ブイット」が誕生しました。店名は、この地の方言で〝小さな家〟を意味します。最初はラクレットやステーキ＆フリットなどごく簡単な料理を出していましたが、'80年に食事に行った「ポール・ボキューズ」で大きな衝撃を受け、「私がやりたい料理はこれだ！」と確信してガストロノミーに舵をきりました。

ボキューズ氏の料理書を参考に、試しては失敗し、失敗しては試し、1人でゆっくり学んでいきました。サヴォワ人は根気がいいのですよ（笑）。まったくの独学でしたから、ゲストの「おいしい」という言葉が唯一の

大小２つのサロンからなる広々としたダイニングスペースは約40席。木を多用したぬくもりのある空間に、白い漆喰をぬった天井やシャンデリアがエレガントな雰囲気を添える。ランチ時はスキー客がいったんゲレンデから戻って食事を楽しむ姿も。スキーウェアのまま楽しめる数少ない三ツ星レストランだ。

判断基準です。常に食べ手の声に耳を傾けていました。
’90年代になると、バイアスロン選手だった息子のマキシムが厨房に入り、店の規模も少しずつ大きくなりました。息子には息子の道がある、と思っていましたが、料理を、しかも私と一緒に働くことを選んでくれたのは素直にうれしかったですね。息子が加わったことで、料理に安定感が出てくると同時に、創作の幅も広がりました。地元の食材だけで土地の魅力を表現できないか？と考えるようになったのもこの頃です。今、フランスの料理界の流行は〝ロカヴォール（ローカル食材を食べる人）〟ですが、その先駆けだったのかもしれません。

今も常に息子と話し合い、進化をめざしています。喧嘩をしたことはないですね。私自身が独学だったので、押しつけるのが嫌いなのです。山の民は無意味な自信を持たないものです。自然と共に生き、自然に対する畏怖があり、己の小ささを知っていますから。

我々の料理は少しずつ注目され、２００３年に一ツ星、’08年に二ツ星、そして昨年三ツ星が付きました。大体5年おきで、早くもなく遅くもなく、じっくり地に足をつけて物事を進める我々にちょうどいいペースだったと思います。告白すると、二ツ星を得た後に少し気負って、人を驚かせるような料理を作ろうとした時期もあります。でもある日、そこに意味はないと気づいたのです。それに、ゲストも全然驚いてくれませんでしたしね（笑）。

ラ・ブイットの魅力は、土地を物語っていることです。正直、技術は他の料理人にかないません。でも、我々にはこの土地の食文化を、むき出しの形で、しかしエレガントに表現する自由な感性とスタイルがあります。自分のスタイルを確立するのはとても難しいことで、多くの料理人はそこで考え込み、バランスを失ってしまうのかもしれません。この場所で一生をすごしてきたからこそ、私たちはそれを見出せたのだと思います。信じた道で評価され、多くのゲストが我々の〝小さな家〟を愛してくれることに、深い安らぎと喜びを感じています。

（ルネ・メイユール）

稀少な淡水魚、オンブル・シュヴァリエも土地の自慢の食材。繊細な身に負担がかからないよう亜硫酸紙にのせ、バターをたっぷりと使って、しっとり焼き上げる。

2

1

1 サヴォワや周辺で造られるワイン。生産者と懇意にしているからこそ揃う稀少な品も多い。**2** 食後のハーブティーに添えるハチミツは地元の養蜂家がラ・ブイットのために作ったオリジナル製品だ。

店のすぐそばを流れる小川の一隅に作った生簀。冷たい雪解け水の中を、近くの養殖家が育てるトラウトが泳ぐ。サービス直前に必要な数だけ網で捕らえて厨房に運び、すぐに調理にとりかかる。都会の店ではありえない恵まれた環境だ。

父同様、私もこの土地で生まれ育ちました。バイアスロン選手としての活動を21歳で終え、これから何をしようか、という時に、厨房に立つ父の姿が思い浮かび、自分が料理に興味を覚えていることに気づきました。普通であれば、引退後は山岳ガイドかスキーモニターになっていたはずです。もしそうだったとしても、全力を尽くして最良のガイドやモニターになったと思いますよ。大切なのは対象がなんであれ全力を傾けること。そう、学んできたのです。

引退後は料理が力を注ぐ対象になりましたが、三ツ星という山頂に立つまでには、山の民特有の精神力と根気強さが役立ちました。父はよく、「種を蒔く時は、手を大きく広げて遠くまで、たっぷりと蒔くんだ。そのぶん収穫も大きくなるから」と言います。どういうことかというと、たとえば観光客がふらりと店の前を通りかかり、中を見たいと言う。そんな時、感じよく迎え入れ、客席はもちろん厨房にも案内して言葉を交わすことで、いずれゲストとして訪ねてくれるようになる……。それは数年後のことかもしれません。しかし常に長い目で見て、発展の種を蒔いておくことが未来につながるんだ、と。そんな気持ちで両親と妻、スタッフらと、焦らず店を育てきました。

2015年の三ツ星獲得はもちろんすばらしく大きな喜びでしたが、実は'03年にとった一ツ星がいちばんうれしかったです。それは父が序章を綴ってきた「ラ・ブイット」という物語の、本格的なはじまりを意味したからです。それに星が付くということは、ミシュランから「この店は三ツ星につながるポテンシャルを持っている」とお墨付きをもらうのと同じだと私は信じていましたしね。

サヴォワで店を営むにあたりいちばん大切にしているのは、この地方の食文化をシンプルかつ洗練された形で表現することです。それも、この場所以外では実現不可能な方法で。パリに、店のすぐ横に雪溶け水が流れる生簀が作れますか？ ニューヨークで、車で5分の所に羊飼いがいて作りたてのヨーグルトを持ってきてくれますか？ ロンドンで新雪や草のにおい、山々の連なりを感じられますか？ 我々にとって、「贅沢」とはバカラの大きなシャンデリアではなく、山の民の文化と歴史、そしてこの環境なのです。

フランスの各地方に故郷を愛し、その場所の魅力を発信する料理人がいますが、中でも我々はひときわ強い郷土愛を持っていると思います。サヴォワは今でこそフランス領ですが、100年ちょっと前まではイタリア北部や南仏とともにサヴォワ公国に属し、非常に繁栄していました。フランスへの統合後、サヴォワ人のアイデンティティが失われてしまったと感じる人は多く、私たちもそれを蘇らせたい、と強く願っているのです。

それには地域の生産者の協力が不可欠です。お互いの仕事にかける思いを共有し、刺激を与え合い、よりいいものを生み出していく。結果、我々の料理の価値も、彼らの生産物の価値も上がり、ともに生活が豊かになっていく……。そんな共存共栄の関係をさらに強固に築いていきたいですね。

「普段からすばらしく、時に感動的」というのが一般的な「いいレストラン」だとしたら、三ツ星を得た我々は、「常に感動的」な店にならなくては。そのためには細部の積み重ねと、トータルでの高い完成度が不可欠です。レオナルド・ダ＝ヴィンチが残した、「細部は完璧を生み出すが、完璧とは細部のことではない」という言葉への共感とともに、日々を送っています。

（マキシム・メイユール）

1 サヴォワ産ばかり30種以上が並ぶチーズワゴン。ワゴンはボーフォールの製造時に使う木枠を再利用したもの。2・3 隣村で羊を育てるセルジュ・ジャイ氏が作る羊乳チーズや羊乳ヨーグルトは、ラ・ブイットの料理やデザートに欠かせないアイテム。

#18

オリヴィエ・ベラン

Olivier Bellin

ローベルジュ・デ・グラジック

1971年ブルターニュ地方生まれ。14歳で料理の道に進み、外務大臣公邸料理人を経てパリの「ジャマン」でジョエル・ロブション氏の薫陶を受ける。「オーベルジュ・ド・ブルトンヌ」（ブルターニュ）などを経て、2000年に実家の飲食店で独立。

＊取材は2016年４月。情報もその時のもの

フランス北西部に位置するブルターニュ地方。大西洋と英仏海峡という水温が低く潮の満ち引きが激しい海に囲まれ、非常に優れた魚介類の産地として知られる。同時に内陸部では野菜栽培、豚や乳牛の飼育も盛んで、シャルキュトリーや乳製品の質も高く評価されている。4つの県からなり、大西洋に突き出たフランス本土最西端がフィニステール県。この県の、人口2000人ほどの小さな村プロモディエルンに、オリヴィエ・ベラン氏が経営する「ローベルジュ・デ・グラジック」がある。

ジョエル・ロブション氏が厨房に立つ全盛期の「ジャマン」（パリ）で貴重な経験を積んだベラン氏。故郷に戻り、母が営む小さな食堂を舞台に、2000年より自身のめざすガストロノミーの追求をはじめた。高い技術に裏打ちされた料理は、年月を経るに従い地元の食文化を色濃く反映するように。特産品である蕎麦を多彩に活用する他、豚やその内臓に魚介を組み合わせるなどオリジナリティある料理を作り出してきた。

アクセスが悪く、風光明媚な観光名所があるわけでもなく、ガストロノミー文化には縁のなかった小さな田舎の村。不利な環境に苦しみながらもベラン氏の存在は少しずつパリ、そして世界に知られるようになり、'05年にミシュラン一ツ星、'10年に二ツ星を獲得。今は3つ目の星をめざして全身全霊を傾けている。逆境に負けずに立ち向かうのは、この土地の人間の気質。瞳に闘志と厳しさをたたえ、料理界の頂点を睨んでいる。

*

14歳で地元の料理学校に入り、修業先で手にしたジョエル・ロブション氏の本に強烈な刺激を受けました。「なんてすごい料理だ！　彼の下で働きたい！」と。当時、すでにロブション氏は50歳で引退すると発表していて、あと5年しか残っていませんでした。そう知った瞬間、料理に真剣に取り組むように。週末の休みもヴァカンスも取らず、ひたすら働いてチャンスを待ちました。

ついに「ジャマン」に入れることになった初日、朝9

時に来るように言われた私は8時に厨房に入ったのですが、なんと全スタッフがすでに働いていて。大汗をかきました（笑）。この店で、ロブション氏の最高の時代の仕事ぶりを間近で体験できたのは一生の財産です。あの経験がなければ今の私は存在しませんでした。彼は、正真正銘の〝料理職人〟です。

28歳の時、小さな食堂を営んでいた実家に戻り母の手伝いをはじめたのですが、それまでの長く厳しい日々の緊張がプッンと切れてしまい、夜遊びや放蕩に耽る最低の一夏をすごしてしまいました。とうとう激怒した父に家を追い出され……。祖父の元で頭を冷やしながら、自分の将来について考えました。そして田舎の簡易食堂だった実家をガストロノミー店にしようと決意したのです。

オープンは2000年。閑散期の1月だったため店には誰も来てくれず、従業員への支払いにも困る始末でした。つらい日々でしたが、ロブション氏から言われた「君は自制心を身につけ、バカをやめれば、いつか大成するだろう」という言葉を励みに厨房に立ち続けました。

最初の頃はトリュフやキャヴィアなど一般的な高級食材を使っていたのですが、2年目くらいから、子供の頃から食べ慣れている地元の食材や調理法にスポットを当てはじめました。フィニステールの特産といえば、なんといっても蕎麦です。それに、豚の肉や内臓。これらの食材を独創的かつ洗練された料理として表現する道を探りました。すると少しずつ注目されるようになり、'05年に一ツ星に。でも、客足はほとんど増えませんでしたね。これにはがっかりしました。

転機になったのは、'07年にパリで開催された「フード・フランス」への参加でした。ホタテとブーダンのタルトや、豚とムールの料理など山海の幸の組合せがメディアで大受けし、集客も安定してきたのです。その後、日本のフード・フランスにも呼ばれました。和食文化に魅了され、これを機に外国でのフェアを行ない、現地の食文化に触発されることが多くなりました。

'10年に二ツ星を得ましたが、直後に信頼していたス

1 左手がレストラン、右手が2012年にオープンしたホテル。2 レストランは35席。窓の外には美しい眺望が広がる。

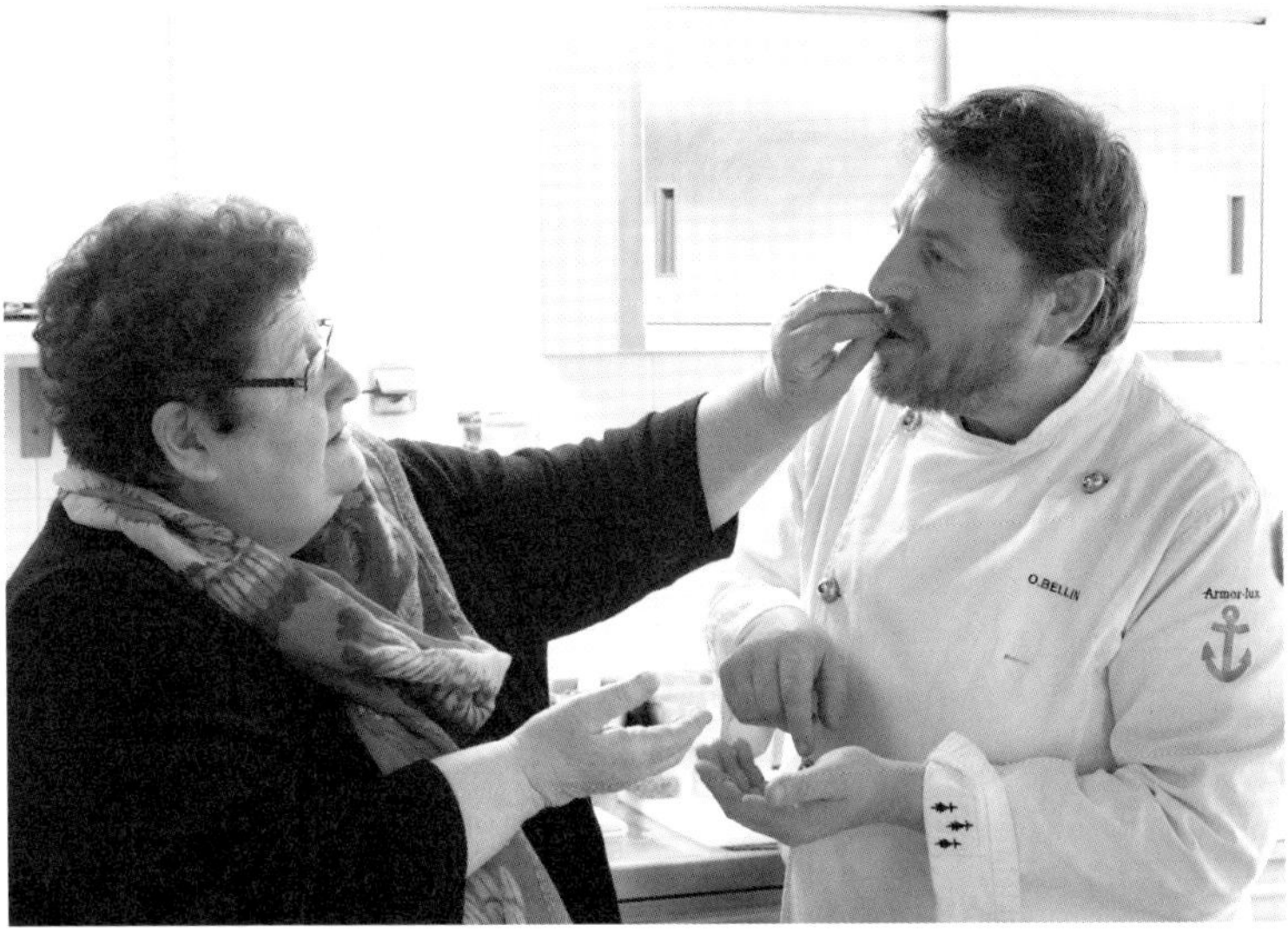

左は母のマリ＝ノエルさん。ベラン氏の最大の理解者だ。

タッフたちが辞めてしまい……。再びチーム作りをしようと思っても、二ツ星とはいえ田舎の店にはスタッフが集まりません。料理のレベルは落ち、イライラが募り、自分を見失いそうな日々が2年間続きました。客足も減り、本当に苦しい時期でしたが、そんな中でも海外でのフェアは常に盛況だったのです。同じことが地元でできないわけがない、自分をもう一度信じるんだ、と気持ちを奮い立たせ、再び三ツ星をめざしはじめたのが4年ほど前のこと。その甲斐あって去年と今年「三ツ星候補」として名前が挙がるようになりました。

残念ながらまだ結果は出せていませんが、諦めてはいません。常に海が荒々しく大地に押し寄せるこの地で、人々は昔からたくましく生き抜いてきました。私も逆境に立ち向かう強い心は持っています。もちろん人間ですから、投げやりになったり落ち込むこともあります。でも私には三ツ星という大切な夢がある。敬愛してやまないロブション氏と同じ場所に、いつか必ず到達してみせますよ。

ジョエル・ロブション氏率いる「ジャマン」できわめてハードな、しかし充実した修業期間をすごした後にこの地で母のオーベルジュを引き継いだ時、ガストロノミーレストランをやろう、と思ったのは私にとって自然な流れでした。美食文化に乏しい田舎でそんな店をはじめるのが怖くなかったか？　世間知らずでしたから、「ジャマンで修業した」と言えばすぐにお客が押し寄せてくると思っていたのです。もちろん現実は甘くなく、店を軌道にのせ、今のように〝三ツ星にもっとも近い二ツ星の一つ〟と言われるようになるまでには、血の滲むような努力と苦悩がありました。

地方のガストロノミー店にとっての生命線は土地の魅力、つまり地元の食文化を表現することです。パリのレストランと同じ食材を使ってもしょうがない。チーム力や資金力の面でも、同じ土俵で勝負しては負けが明らかです。

ただ、フランスの地方は食材が非常に豊かだと思われがちですが、このフィニステール県はちょっと違う(笑)。魚介や野菜、仔豚に乳製品などで名高いブルターニュにあって、フィニステール県だけは野菜にあまり恵まれず、良質な魚介が揚がる漁港も少し離れていて、魚を毎日届けてもらうわけにはいきません。今、各地で才能ある料理人が地元の生産者との関係を密にして、質のよい食材を生み出し、料理に用いるようになってきていますが、私の近くにはそうした意識が高い生産者が残念ながら少なく、充実したコラボレーションができないのです。これは、今後の大きな課題です。

とはいえ、遠くない場所にすばらしい豚の生産者がいますし、この辺りは蕎麦の一大産地でもありますから、これらを使って地元の食文化を表現しています。とくに蕎麦はフィニステール県の歴史と深い関係にあり、気に入っている素材です。土地が痩せているため小麦の栽培が難しく、長らく蕎麦が主食だったのです。代表的な食べ方は、ガレットや、〝そばがき〟にして野菜や豚と一緒に煮込むブルターニュ風ポトフ「キ・ア・ファー(ブルターニュ語で〝肉と粉〟)」など。私

1 大きくみずみずしいアカザエビは、店に届くとすぐに殻をむいて下ごしらえ。2 野菜の種類が少ないフィニステール県。グリーンピースは南仏から届く。3 特産である仔豚の加熱。近隣の養豚場で放し飼いされ、地元産の穀物や野菜、果物などをエサに育つ。

もキ・ア・ファーを現代的に仕立てたり、蕎麦の実をソースに加えたり、蕎麦粉でシューやニョッキを作ったり、塩バターキャラメルに香りをつけたりと、いろいろな表現を試しています。

ブルターニュ特有の乳製品ではレ・リボ（脱脂乳バターミルクを発酵させたもの）が有名ですが、あまり知られていない「グロ・レ」を私は好んで使います。これはいわば、チーズになる前の牛乳のようなもの。ヨーグルトに近い発酵香が特徴で、デザートに使ったり、蕎麦をアンフュゼして酸味と香ばしさが溶け合う軽いソースにすることもあります。

私の頭の中には、こうしたブルターニュ地方にまつわる膨大な味の記憶が蓄えられています。新作を作る際は、そこに世界を旅して発見した新たな風味を加えながら、まず頭の中で構築し、次に試作を重ね、各パーツの精度を極めていきます。メニューに載せるのはこれで完成、と納得してから。簡単に新作を生み出せるタイプではありません。ロブション門下生ですから完璧主義なのです（笑）。

料理を食べてお客さまが満足してくれる、というのがもちろん大切ですが、料理に人生をかけている以上、三ツ星がやはり欲しい。今は手が届きそうで届かない、つらい時期です。そしてロブション氏にあこがれ、目標にしてきた以上、彼のレベルに到達したいし、できればM.O.F.にもチャレンジしたい。これらは私自身に課したミッションであると同時に、奔放で馬鹿ばかりしてきた私を常に支えて信じてくれた母へのプレゼントにしたい、とも願っているのです。

#19

マウロ・コラグレコ
Mauro Colagreco

ミラジュール

1976年アルゼンチン、ラ・プラータ生まれ。アルゼンチンとフランスの料理学校で学ぶ。「ラ・コート・ドール」（ソーリュー）を経てパリに移り、「アルページュ」、「アラン・デュカス・オ・プラザ・アテネ」、「ル・グラン・ヴェフール」で修業。2006年「ミラジュール」のオーナーシェフに。'12年ミシュランニツ星、'16年「世界のベスト・レストラン50」で6位にランクイン。

＊取材は2016年6月。情報もその時のもの

フランス南東部に位置するプロヴァンス＝アルプ＝コート・ダジュール地方。名前の通りプロヴァンス地方とアルプス南部、そしてニースやモナコを擁するリゾート地コート・ダジュールからなる、風光明媚なエリアだ。

中でもアルプスの山々と地中海に挟まれたコート・ダジュールは、紀元前には古代ギリシャや古代ローマが植民地を築き、19世紀中頃までサヴォア公国の一角を成すなど、歴史的に異文化の影響を色濃く残している。海と山の食材に恵まれた美食の地としての名声も高く、ヌーヴェル・キュイジーヌの旗手ルイ・ウーティエ氏や、ジャック・マキシマン氏、近年ではアラン・デュカス氏まで、当地で活躍した料理人の名前には事欠かない。そんな地方の最東部、イタリアとの国境の町マントンで活躍するのが、「ミラジュール」のマウロ・コラグレコ氏だ。

1976年生まれのアルゼンチン人。23歳で渡仏して主にパリで修業を重ねた後、2006年にこの地で独立した。氏の料理のベースにあるのは、ベルナール・ロワゾー氏とアラン・パッサール氏の元で培った食材との対話を大切にする姿勢と自由なアプローチ、そして洗練と美に対する高い意識。フランスとイタリアの文化に南米出身者ならではの自由な感性を組み合わせ、おおらかなエレガンスをたたえる料理を生み出している。

開店1年目にミシュラン一ツ星とゴー・ミヨの〝今年の新人〟賞を獲得。「世界のベスト・レストラン50」にもランクインする活躍ぶりで、外国人でありながらフランスを代表する料理人として世界から注目を浴びている。

＊

アルゼンチンはヨーロッパ系移民が多い国で、世界中の食文化の影響を受けています。私の祖父母もイタリアとスペインの出身です。両親、祖父母ともに食べる喜びを知っている家族でした。

高校卒業後、父が営む公認会計士事務所で2年間働いたのですがしっくり来ず、料理学校に入りました。フランスに渡ったのは1999年、23歳の時です。時代はフェラン・アドリア氏が君臨していたスペイン料理ブームの最中でしたし、スペイン語を母語に育った私にはスペインでの修業のほうが楽だったと思います。でも、グラン・シェフたちの経歴を見ると、フェランも含め、皆フランスでの修業経験がある。私もフランス料理の基本を本場で習得してから国に戻って自分の店を開こうと決めて渡仏しました。

ところが、フランス語ができなかったため、料理学校から「言葉を学んで来年もう一度おいで」と言われてしまい……。「そんなに待てない、がんばって勉強するから！」と説得して何とか入学にこぎつけました。この熱意は私の特徴かもしれません。学校からの研修先にベルナール・ロワゾー氏率いる「ラ・コート・ドール」を希望した時、先生は「どうせ三ツ星に行ってもジャガイモの皮むきばかりで勉強にならないからやめろ」と言うのです。でも私は「それでもいいから」と店に何度も履歴書を送り続けました。するとある日、ロワゾー氏の右腕のパトリック・ベルトロン氏から電話が入り、「君の履歴書はちゃんと届いている。機会があれば連絡するからもう送らないように！」と言われたのです（笑）。

その言葉通り、後にラ・コート・ドールに研修で入ることができました。予想通り毎日野菜の皮むきでしたが、そこにいられるのがただうれしくて。研修後もそのまま就職できることになり、飛び上がって喜びました。ロワゾー氏は私にとって、フランスのパパ。2003年に亡くなった時、あまりのつらさに店を去ることにしましたが、その後、アラン・パッサール氏というロワゾー氏とは別のスタイルの偉大な料理人の元で働けたのは幸いでした。アランは、「料理にバリアはない、アプローチの方法は無限にある」と身をもって示すことで、私の料理の地平線を広げてくれましたから。

1 2階建ての白亜の建物が印象的な「ミラジュール」。以前は巨匠ジャック・シボワ氏が同名のセカンド店として営業していた物件をコラグレコ氏が引き継いだ。2 建物の下に広がる庭園。レモンやオレンジ、ハーブ類が植えられた南国的な庭で散策を楽しむゲストも多い。3 地中海とマントンの町を一望する開放的な客席。ナチュラルでエレガントな雰囲気の中、ガストロノミーの料理を提供する。

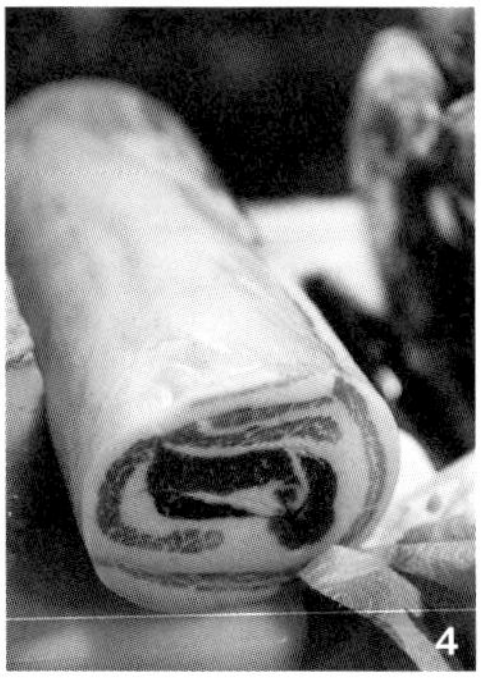

1 近隣の小規模生産者たちとの付合いも密。収穫したばかりのインゲンマメが店に届き、早速味を確認する。
2・3・4 マントンの隣町、イタリア・ヴァンティミリアの市場にはフランスでは手に入りづらい食材がずらり。濃厚な味わいのハチミツヴィネガーや香り高いカモミール、パンチェッタなどはここで仕入れる。

フランス修業も10年を越え、独立を考えるようになったのですが、貯金も出資者のあてもない。そんな折、知人から「ミラジュール」のオーナーを紹介され、'05年9月にマントンを訪れました。パリは雨が降って冬のような天気だったのに、マントンに来てみれば真っ青な空と熱い太陽、柑橘が植えられた広い庭の向こうには地中海。一目惚れでした。

問題は、私にはこの店を買えるだけの資金がなかったこと。でもオーナーが熱意を買ってくれ、「君に賭けてみるよ」と営業権を譲ってくれました。自己資金300万円でのスタートでした（笑）。

オープンは'06年4月1日。厨房3人、サービス2人、事務1人という体制でした。45席の客席がどれほど広く感じられたことか。今は総勢35人のスタッフですから、名もない外国人が開いた店が、10年間でいい成長をしてきたと思います。

コート・ダジュールの魅力は、仏伊国境の街らしく多様な食文化が共存するところです。そしてそこで、アルゼンチン人の私が料理を作るというおもしろさ。もし私がフランス人だったらフランス的な、イタリア人だったらイタリア的な料理になっていたでしょう。でも私は外国人として、より自由なストーリーを、山海の幸がコントラストを描くこの土地のテロワールを題材に語れると思いました。マントンは国境の町。でも「ミラジュール」の料理には国境がないのです。

「ミラジュール」は、今年10年目を迎えました。その間に生み出したシグニチャー料理で構成する記念メニューを見ていると、たくさんの思い出がよみがえってきます。そこには店の歴史が綴られていると同時に、自分がどう発展してきたかも見て取れるのです。

たとえば、普段はあまり意識していませんが、私の料理のベースはやはりフランス料理なのだと感じます。南米出身だからといって南米色はとくに取り入れていません。あくまでもこの土地の食材が主役ですし、「アルゼンチン人の料理」ではなく、「マウロの料理」ととらえてほしい。オープン当初は個性を打ち出すのに必死でしたが、今は料理が自分の一部のように感じられ、とても素直に表現ができるようになりました。土地の食材や風土を深く理解できるようになったからでもあるし、集客が安定してきたからというのもあると思います。オーナーシェフは常に厨房内でゲストは来てくれるだろうかという不安と戦っているものですが、この2〜3年、ようやくそうしたストレスを感じなくなり、より自然体でいられるようになりました。

自分が自然体になると、料理もよりナチュラルというか、即興的なものになっていきますね。実際、メニューは本当の意味でのおまかせコース。「今日こんないい食材が手に入ったのだから、今すぐ使おうよ。でないと食材が持つ魔法の力が死んじゃうよ！」といつもスタッフに言っています。生きている食材をリスペクトしなくてはね。

今年、「世界のベスト・レストラン50」でフランス最高の6位になりました。正直、作り手の個性が魅力である料理に順位を付けるのは無理があると思っています。もちろん「フランス最高位」はうれしいですよ。このおかげで知名度が高まり、集客はもちろんですが、より腕のいい料理人がうちで働きたいと世界中から集まってくれるのも事実ですから。ただ、自分の店がフランス最高のレストランだと思ったことは一度もないんです（笑）。

ランキングに興味はありませんが、高い評価を受けるようになったことで、私自身の問題として世界の食環境に対して強く責任を感じるようになってきました。今、ペルーのヴィルジリオ・マルティネス（セントラル）、メキシコのホルヘ・ヴァジェホ（キントニル）とともに、南米に伝わる伝統的な食文化の掘り起こしに取り組んでいます。南米各国に残るマヤ文明を継承する小さな集落に行って食文化を学び、それをどう継承していけるかを考えるのです。世界中で固有の食文化が消滅しつつありますが、それを食い止めたい。ある種のトウモロコシは、この５００年の間、南米の一家族のみが代々作り続けているのですが、遺伝子組換

ガラス窓越しに紺碧の地中海が広がる。「10年前、20隻いた釣り船が今や1隻のみ。農・漁業の変化はこの街にも押し寄せています」(コラグレコ氏)。

作物のために消滅の危機にさらされている……。我々はメディアへの露出も多いので、それを利用してメッセージを伝えていかなくてはと思うのです。

ここ、マントンも例外ではありません。近くの漁港に15年前には20隻いた釣り船が、今やたったの1隻。食産業全体を通して工業化・集約化が進みすぎてしまいました。食糧難に対応するためには仕方のないことだ、と言われますがナンセンスです。だったらなぜ、世界の食糧生産の⅓もの量が廃棄されているのでしょう？　ミラジュールの厨房のゴミ箱の蓋にはアフリカの飢えている子供の写真を貼り、「捨てる前に考えろ」というコメントを記しています。世界から見れば小さな一粒の砂かもしれませんが、まずは動きはじめなくては。少しずつ、地球規模で食文化の問題を考えるシェフが増えてきたのは、ありがたいことです。行動するのに遅すぎるなんてことは、けっしてないのですから。

#20

アレクサンドル・ゴーティエ
Alexandre Gauthier

ラ・グルヌイエール

1979年パ・ド・カレ県生まれ。調理師学校卒業後、オーヴェルニュ地方、コート・ダジュール地方、パリ、ポワトゥー=シャラント地方などの星付き店で４年間修業。2003年、父のローラン氏が経営していた「ラ・グルヌイエール」に入る。'05年“フード・フランス”参加、'08年ミシュラン一ツ星。'16年ゴー・ミヨ“今年のシェフ”に選出。

＊取材は2016年８月。情報もその時のもの

多様性に富む風土がそれぞれの地域に独自の食文化を生み出してきたフランス。アルザス、バスク、ノルマンディー……と地域名を出せば、それぞれの土地ならではのすばらしい食材や料理が頭に浮かぶだろう。では、「ノール＝パ・ド・カレ地方」と聞いて思い浮かぶものは？

フランス最北部に位置し、北は海峡を挟んで英国、東はベルギーと国境を接する同地方は、フランスではめずらしく美食のイメージをほとんど持たない土地だ。しかしそれは単なるイメージにすぎず、実は北海産の魚介類、肥沃な平野で栽培される野菜や穀物、そしてジビエやキノコなど深い森の幸にも恵まれている……そう気づき、この地で美食文化を生み出そうと取り組んでいる料理人がアレクサンドル・ゴーティエ氏だ。

1979年生まれ。23歳の時、人口200人にも満たない小さな町、ラ・マドレーヌ・シュル・モントルイユで父が経営していたレストラン「ラ・グルヌイエール」の厨房に立った。最初は父の傍で働き、4年後にはすべてを引き継いでオーナーシェフに。ここからラ・グルヌイエールの新たな時代がはじまった。

2009年には、以前からこよなく愛してきた自然と現代美術の魅力を投影した建物へと大規模改装を実施。知られざる上質な食材を発掘し、湿地帯である周囲の環境を反映した独創的な料理を次々と生み出すゴーティエ氏への注目度はうなぎ登りに高まり、「北にアレクサンドル・ゴーティエあり」と評されるまでに成長した。

ミシュランの評価は'08年についた一ツ星にとどまるものの、ゴー・ミヨは早くから彼に注目し、'16年にはついに19点をつけて〝今年のシェフ〟に選出。世界中から多くの著名シェフが訪れ、今や次世代のフランス料理界を担うトップシェフの1人と目される存在だ。

＊

ノール＝パ・ド・カレ地方は古くは産業が発達した

1 人口200人に満たない緑と川に抱かれた自然豊かな町、ラ・マドレーヌ・シュル・モントルイユ。
2 店に入ってすぐ右手にあるサロン。父ローラン氏の時代はここが客席だった。父へのオマージュとして改装時にも手をつけず、現在はアペリティフ・サロンとして活用する。なお“ラ・グルヌイエール”は“カエル沼”の意味。この辺りで以前、多くのカエルが捕れたことにちなむ店名だ。

場所でしたが、第一次世界大戦で大きな被害を受けた後は、地域の活力を少し失ってしまったようです。残念ながら、フランスではめずらしく美食の名声が低い土地ですね（笑）。

「ラ・グルヌイエール」はこの地でもともと父がやっていた店で、1983年から2001年まで一ツ星を得ていました。調理場に立つ父の姿を見て育ったので、私の心に料理人になろうという気持ちが芽生えたのはごく自然なことでした。

地元の料理学校を出た後、レジス・マルコン氏やミシェル・ロト氏らの元で4年間ほど修業しました。もうしばらく続けるつもりでしたが、店の経営に苦労していた父を助けるため、'03年に急遽ラ・グルヌイエールに戻ることに。私は23歳でした。最初はある程度手伝ったら別の店に行こうと思っていたのですが、いざ働きはじめると子供の頃から親しんできた土地ということもあり、しっくりくるものがあって、ここに残って料理を続けようと決めたのです。

当時のラ・グルヌイエールは30年前の料理や雰囲気をそのままに残した、いわば時代に取り残されたレストラン。新たな息吹を加える必要があるのは明らかでした。とはいえ今まで習った料理の真似をしても意味がありません。自分自身の表現を考えようと思った時、店を取り巻く環境、つまり〝フランス北部のテロワール〟に意識が向きました。

北部と聞いてフランス人が一般的に思い浮かべるのは、ビール、マロワールチーズやアンディーヴ、チコリなどの野菜類。ある意味ステレオタイプで、フランス料理の中でも非常に地味なイメージですね。でも私は、知られていないだけでもっとすばらしい食材があるはずだと思い、周囲を探しまわりました。結果、見えてきたのは近くの海で揚がる極上のヒラメやシタビラメ、サバや貝類、森に生息する豊富なジビエやキノコ、またノルマンディー地方にも負けない良質な乳製品など、実にさまざまな食材の数々です。

ここには見事な食材がある。ただ、それを活用する料理人に恵まれなかっただけなのです。実際、この地方からは過去に三ツ星シェフが出たこともなければ、二ツ星もわずか1軒と不甲斐ない有様でした。その状況を打破するために、知られざる美食の宝庫としてのフランス北部を、私の料理を通して表現したいと強く思うようになりました。

そのためにまず設定した目標が、ラ・グルヌイエールを「旅の途中にたまたま通れば寄る店」から、「ここに来るために旅をする店」に変えること。困難な目標ではありますが、そう定めたことでこの地方の魅力を料理人の目を通してとらえ直し、食材との向き合い方を深く考えるきっかけを作ることができました。一つひとつの小さな積み重ねが物事の優先順位を明らかにしてくれて、「この食材はこうするべき、こうしたほうがいいんだ」という確信につながった気がします。

もともと自然が大好きで12年間ボーイ・スカウトをやっていたくらいですから、「ラ・ヴィ・ソヴァージュ（野生の人生）」が私の人生観の根っこにあるのかもしれません。これに、昔から強く惹かれている現代美術や抽象画のイメージを織り交ぜながら、私にしか表現できない料理を提供するようになりました。すると各種の料理イベントやガイドブックに取り上げられ、2005年にアラン・デュカス氏が主催する「フード・フランス」に招聘されたことでも弾みがつきました。'07年に父から店を買い取り、'09年には古い厨房とサロンを大改装して宿泊用客室も整備。新生「ラ・グルヌイエール」として本格的にスタートをきったのです。

田舎に生まれ育ったうえ、ボーイスカウトにも所属していたせいか、自然の中に特別なものを見出せるようになった気がします。そして同時に、現代美術や抽象的なアートも大好きなのです。とくにアシンメトリー(非対称)な魅力や、「無」の美しさを表現した作品にポジティブなエネルギーを感じます。店にも多くの美術作品を飾っていますし、厨房や客席のデザインにもこうした感性を投影しました。厨房は金属を多用して暗く無機質なイメージとし、それを見渡す客席は、木製のテーブルや革張りの椅子を自然光が照らす明るい空間に。両者の対比によって二律背反するものの共存を表現しています。そぎ落とされた無の美に親しんできた日本の人々には、こうした感覚は身近に感じてもらえるのではないでしょうか。

私は、綿密かつ精密に作り込む、いわゆる〝ミリメートル料理〟は苦手です。私にとって、料理とは自然と湧き出る感性や直感、欲求から生み出されるもの。そこには美しさやエレガンス、デザイン性とともに、「これを食べたい」と思わせる生命力がなくてはなりません。だから、料理は日々変わっていきます。今のメニューの中で、1年前の同時期に出していたものは一皿だけです。

時々、「実験的な料理だ」と言われることがありますが、自分の中にはそうした意図はありません。これが完成形と信じて私のビジョンやスタイルを見せていますし、ゲストにも同じように感じてほしいと思っています。評価してもらえるかどうかは、また別の問題な

客席は周囲の自然を取り込んだモダンなデザイン。美しさと快適さが融合した空間だ。

1 厨房内のターブル・ドットを囲みまかないをとるスタッフたち。フランス、イタリア、日本、カナダ、メキシコ、ベルギー、台湾、ベネズエラなどの多国籍チームだ。2 辺境の地にもかかわらず、気鋭の料理人の皿を味わいたいとヤニック・アレノ氏、エリック・フレション氏、ピエール・ガニェール氏、オリヴィエ・ロランジェ氏らトップシェフの来訪も頻繁。取材時にはジル・トゥルナードル氏が訪れていた。

のが難しいところですが。私は、ゴー・ミヨでは〝今年のシェフ〟に選ばれましたが、ミシュランでは2008年についた一ツ星のまま。「三ツ星シェフより有名な一ツ星シェフ」なんて揶揄されたこともありましたし（苦笑）、いっそのこと掲載をやめてもらおうかと考えることもありますよ。でも、こうした両極端な評価をとても喜んでくれた偉大なシェフがいます。ミシェル・ブラス氏です。かつて同じ経験をしたブラス氏は、「これでいいんだ、続けなさい」と励ましてくれました。確かに料理はアートに近いので、全員に理解してもらうことはできないし、それを気にしてはいけない。世間に迎合しながら人生を送るよりも、自分自身をさらけ出したうえで志半ばで倒れるほうを、私は選びます。

ですから、この先もずっと、ここでやっていきます。ひょっとしたら田舎の海辺で何か新しいプロジェクトを展開することはあるかもしれませんが、パリなどの大都市は絶対にないですね。私は、身近に自然がないと息が詰まってしまうのです。そんな自然への愛情を評価してくれたのか、昨年パリで開催されたCOP21（気候変動枠組条約第21回締約国会議）に、各国首脳の会食を仕切る5人のシェフとして、ヤニック・アレノ氏らとともに招聘されました。我々料理人にとっても、地球の未来やエコロジーへの意識というテーマを避けて未来を見ることは不可能です。

私は今、この場所で、周囲の生産者が育てる食材を使って料理を作り、近くの陶芸工房が焼いてくれる器に盛ってゲストに届けています。我々は地球の長い歴史の中のほんの一瞬を生きているにすぎませんから、いつか私はこの世からいなくなるけれど、その後もメゾンは残ります。この店では110年もの間、人々が集い、談笑し、食事を楽しみ、多くの大切な時間をすごしてきました。ここにあるのはガイドブックの評価ではなく、人々の心や命なのです。メゾンと家族の歴史と魂を守り、伝えていくことは私の大切な使命です。息子のウスタッシュが将来、このすばらしい仕事に興味を持ってくれることを願っています。

#21

オリヴィエ・ナスティ
Olivier Nasti

ル・シャンバール

1966年フランシュ=コンテ地方生まれ。中学校卒業後、地元の「シャトー・セルヴァン」で修業を開始。アルザス地方の「シリンゲール」と「オーベルジュ・ド・リル」を経て、ブルターニュ地方の「メゾン・ド・ブリクール」へ。'94年にアルザス地方に戻り、エギスハイムに「カヴォー・デギスハイム」をオープン。2000年にカイゼルスベルグの「ル・シャンバール」を買い取り、オーナーシェフに。

＊取材は2016年10月。情報もその時のもの

フランス東部、アルザス地方。ドイツ、スイスと国境を接し、歴史上ドイツ領となっていた時期も長い。今もドイツの文化が色濃く残る地域だ。また、フランス有数の美食地域として知られ、兵庫県と同じほどの面積の中にかつては三ツ星レストラン３軒を擁していたことも。現在も三ツ星こそ１軒だが、二ツ星８軒、一ツ星21軒が鎬を削っている。

リースリングをはじめとするワイン、名物のシュークルートの材料であるキャベツ、豚肉とその加工品、チーズをはじめとする乳製品などが特産。海には接していないものの、川や湖に恵まれているため淡水魚も豊富で、遠く北海に面したライン川の河口からサーモンも登ってくる。また、ヴォージュ山脈はジビエの宝庫であり、この地方では一年中ジビエを食べる。さらにはフランスきっての菓子どころとして名高く、果実酒も有名。アペリティフから料理、チーズ、デザートそして食後酒に至るまで、「アルザスではすべてとびきりの素材が揃う」と謳われるのもうなずける豊かな土地だ。

そんな美食の地アルザスで二ツ星店を営むオリヴィエ・ナスティ氏は、隣接するフランシュ＝コンテ地方の出身だがアルザス地方での修業時代にその食文化に惚れ込み、独立の地に選んだ。今ではアルザス人以上に土地の食文化に精通し、「私の料理のベースはアルザス料理」と断言する。小さなビストロで一ツ星を獲った後、カイゼルスベルグのホテルレストラン「ル・シャンバール」に活躍の場を移し、オーナーシェフとして星を獲得するとともにM.O.F.も取得。今ではアルザスを代表する料理人として、食の親善大使としての役割も担っている。

愛するアルザスの自然に抱かれ、一歩ずつ高みをめざし続けるナスティ氏。この土地の食の魅力を、ナチュラルで繊細な料理の中に存分に投影している。

＊

かわいらしい街並みが続くアルザス地方でもひときわチャーミングな街として知られる。12月には広場でクリスマス市が開催され、大勢の人で賑わう。

アルザス地方から少し南にはずれた場所で育ちました。小さい頃から1人で川へ釣りに行ったり森に入ったりするのが大好きでしたね。7歳の時にはもう夏休みに農場で干し草作りを手伝っていましたし、中学生になると羊飼いの手伝いや野鳥を狩る猟師の勢子をしたり、森で採ったキノコを売ったりして生活費の一部を稼ぐようになっていました（笑）。この頃は農家かパン職人になるのが夢でした。街の商店といえば、ただ1軒パン屋があるのみでしたから。ただ、食に縁がない親は反対していましたね。

中学を卒業すると、縁があって地元の二ツ星店「シャトー・セルヴァン」へ。2年間の見習い期間で厳しく基礎を仕込まれるうちにガストロノミーへの興味が生まれ、クラシックなアルザス料理を出す「シリンゲール」に移りました。ここに2年弱いましたが、後半はスーシェフまで出世しましたよ。

シリンゲールで、私はアルザスの料理が季節や伝統と密接につながっていることを知りました。クリスマスや復活祭、聖ニコラの日、聖燭祭などキリスト教にまつわる伝統的な祭事や、ブドウの収穫祭など農業にまつわる祭り……。これらのイベントが季節を彩り、その度に決まった料理を食べることがとても大切にされていました。クリスマスならフォワグラ、エスカルゴ、七面鳥やガチョウ、スパイスのきいた菓子、復活祭なら仔羊形の菓子アニョー・パスカル……。こういう伝統に共感した私は文献を紐解き、さらに知識を深めていったのです。

その後、アルザスを代表する名店「オーベルジュ・ド・リル」のポール＆マルク・エーベルラン親子のもとで2年間働き、ブルターニュ地方の「メゾン・ド・ブリクール」へ。アルザス料理しか見てこなかった私にとって、オリヴィエ・ロランジェ氏の独自の料理観は驚くべきものでした。すべてを独学で学び、エスコフィエの複雑なレシピを解読し、自分の料理に応用して……。ちょうどこの時期はロランジェ氏がスパイスの利用法をまとめていた頃で、私も参加させてもらい、貴重な経験ができました。

１９９４年にアルザスに戻ると、ストラスブールから車で1時間ほどの小さな観光地エギスアイムに〝ウィンスチュブ（ｗｉｎｓｔｕｂ）〟を開きました。ウィンスチュブとはアルザスの言葉でビストロのこと。朝から夜まで料理を作り、終わったら掃除機をかけて夜中に書類仕事……と無我夢中で働いた5年間でしたね。'97年に一ツ星を獲り、そのまま物件を取得しようとしたのですがうまくいかず、充実した環境を求めて移転したのがここカイゼルスベルグです。１９３０年代に二ツ星を取っていたこともある古いホテルレストラン「ル・シャンバール」を買い取り、新たなスタートを切ったのです。

私は生粋のアルザス人ではありませんが、アルザス料理を熟知していると自負していますし、アルザスで料理人人生を送ることに何の迷いも感じません。何よりアルザス人の食を大切にする気質が気に入っているのです。みな外食好きですし、人をもてなすのも好き。

さらに食卓を美しく飾ったり食事の席につく時にはフォーマルに装うなど、食に対して敬意を表していると感じます。しかもここは、妻との出会いの土地ですしね。

その後は店や客室を少しずつ改装しながら、地道にステップを登ってきました。3年目の'04年に一ツ星、そして'14年に二ツ星に。その間の'07年には3度目の挑戦で念願のM.O.F.も獲得しました。M.O.F.は、フランス料理を追求する者にとって非常に価値があるタイトル。それにふさわしい仕事をしなくては、と日々自分を戒めながら、よりよい料理の追求に邁進しています。

アルザス地方には本当に美しい自然があふれています。野生動物が棲み、豊富なキノコが自生する山々や森、みずみずしい草花が生える牛の飼育にぴったりの高原、すばらしいブドウとワインを生み出す平野、豊富な水量に恵まれたライン川やその支流で泳ぐ魚たち……。そして、そんな自然の恵みに敬意を表するアルザス人の魂。「アルザスはなるべくして美食地方になったのだ」と感じます。

そんな最高の環境の中、コツコツと仕事に取り組んできました。料理人という職業に成功への秘密はありません。どれだけ日々の仕事に真剣に向き合ってきたか、その結果が如実に反映される職業だと思います。そして、そんな日々を長く積み重ねた後にようやく、"自分の料理"が生まれるのではないでしょうか。私も、自身のアイデンティティ――アルザスのテロワールをベースに、コンテンポラリーでダイナミック、かつ洗練された料理を作ること――を意識できるようになったのは最近です。

夜のメニューは前菜7品、主菜5品、デザート4品のアラカルトと、5皿か8皿のコースという昔ながらのスタイルです。おまかせコース1本に絞るのは地方のホテルレストランという特性を考えると難しい。試した時期もあったのですが、残念ながら不評でした(笑)。

食材は主にアルザス産で、ラングスティーヌやスズキなどの海の幸やトリュフといったアルザスにないものは他所から仕入れます。好きな食材はなんといって

1 山裾の村にある行きつけのジビエ専門店「アール・ブシュリー」でスタッフと情報交換するナスティ氏。近隣で獲れるジビエのみを扱い、毎朝大勢の猟師が獲物を売りにやって来る。2 併設の工房で解体作業がスピーディーに進む。3・4 イノシシの燻製ソーセージなどシャルキュトリーも作る。

1 ドイツ側の山の向こうから太陽が昇り、朝日がアルザスの森を照らし出す。
2 近隣の山にはイノシシ、シカ、野ウサギの他、写真のシャモアも多く生息。
3 狩猟愛好家のナスティ氏。地元の狩猟雑誌の表紙を飾ったこともある。

もジビエですね。子供の頃から狩りの真似事をしていましたし、今は狩猟ライセンスも取り、頻繁に狩りに出かけます。

とにかく山や森が大好きです。ほぼ毎日、早朝4〜5時に車で15分くらい行ったところにある山に入ります。銃を持つこともあるし、単に歩いて動物たちを眺めるだけのことも。冬場もスノーシューを履いて毎朝歩きますよ。誰もいない山の中で、全身全霊で自然を感じることが私のリフレッシュ方法であり、これで精神的なバランスを取っているのです。

アルザスでは年中狩りができるので、狩猟好きには天国ですね。青首鴨、ヤマウズラ、イノシシ、ノロジカ、シャモア、野ウサギ……。ジビエは自然の旨みがぎっしり詰まっていて本当にすばらしい食材です。パリのような都会でもそうかもしれませんが、ここアルザスでもレストランが出すジビエ料理の種類が昔と比べて減ってきているのは残念ですね。

店を持って以来、ゆっくりと時間をかけてM.O.F.を取り、二ツ星を獲得し、ルレ・エ・シャトーに加盟し……と料理はもちろんホテルを含めた会社全体として、成長させてきました。姉妹店やホテルも含めると、今では50人の従業員を抱えています。雇用者が大きな責任を負うフランスでは、オーナーシェフはとてもハードな仕事。実際、フランスの地方で、この規模のホテルレストランをうまく経営している同世代の料理人は10人もいないでしょう。

今後はさらに努力を重ねて、フランス、いえヨーロッパで最高のレストランの一つにしたいですね。もちろん毎日のように大小の問題が発生しますし、評価が高くなればなるほどゲストから厳しい意見もいただきます。でもそこにこそ学ぶべきことが隠されていて、それを乗り越えることでさらなる高みに上れるのだと信じているのです。

#22

アレクサンドル・ブルダス

Alexsandre Bourdas

サカナ

1972年アヴェイロン県生まれ。ミシェル・ブラス氏、レジス・マルコン氏らに師事した後、「シャトー・ド・シュリー」（ノルマンディー地方）のシェフに。2002年に来日し、「ミシェル・ブラス トーヤ ジャポン」（北海道・洞爺湖町）の初代シェフに就任。以降、3年間を北海道ですごす。帰国後の'05年、ノルマンディー地方オンフルールに「Sa Qua Na」をオープン。'10 年二ツ星を獲得。

＊取材は2016年12月。情報もその時のもの

フランス北部、ノルマンディー地方。海岸線に沿って点在するドーヴィルやカブールなどのリゾート地は古くよりパリからの別荘客で賑わい、セーヌ川沿いの美しい風景は印象派の画家たちにも愛されてきた。

英仏海峡で揚がるオマール、ホタテ、牡蠣など海の幸に恵まれ、特産のリンゴをはじめとする果樹栽培も盛ん。良質な牧草のおかげで肉牛も乳牛も品質が高く、カマンベールやポン・レヴェックなどのチーズやクリームの評判は格別だ。料理に目を向けると、「カーン風トリップ」、「ヴィール風アンドゥイエット」など内臓を好んで食べるのもこの地方の特徴だろう。

一方でガストロノミーの伝統は弱く、三ツ星シェフが誕生したことは未だかつてなく、二ツ星シェフも現時点でわずか3人。そのうちの一人が、オンフルールに店を構える「ＳａＱｕａＮａ《サカナ》」のアレクサンドル・ブルダス氏だ。

２００２年、北海道にオープンした「ミシェル・ブラス トーヤ ジャポン」の初代シェフとして活躍した料理人。３年間の日本勤務の後、子供の頃からバカンスをすごしていたノルマンディー地方で独立した。

料理は前菜、魚、肉、チーズとサラダ、デザートという伝統的な流れをベースに、５種類ほどの魚介を組み込んだ２本のおまかせコースで提供。日本をはじめとするアジア各国や、南米料理の要素も積極的に取り入れる。また、お客同士で料理を手でちぎって分け合うなど、「懇親性」を一つのテーマにすえている。その強い個性は「フランス料理の枠からはずれている」と時に批判も受けるが、ブルダス氏は自分が信じる世界観を恐れることなく追求し、多くのファンを獲得している。

*

私は料理修業に入る前、ホテル学校に6年間通いました。ここで料理だけでなく経営やマーケティング、マネジメントなどレストランに関するあらゆることを

セーヌ川河口の町、オンフルール。人口１万人に満たないこの地に年間450万人もの観光客が訪れる。

1　「サカナ」は町の中心の旧港からすぐそばの、賑やかな通りに面する。2016年に10ヵ月間をかけて全面改装を行なったばかり。2　店の周囲にはノルマンディー地方の伝統的な建築も残る。

学びました。ポワローを上手にカットできるようになるのは簡単です。それよりもいいポワローを仕入れることのほうが難しく、仕入れたポワローをいくらの料理として出すかを決めるのはさらに難しい。料理人にとって不可欠なそうした知識を得られたこと、そして生産者はもちろん、銀行などとビジネスをする際に彼らの考え方を理解できるようになったこと……ここでの経験は私にとって大きな財産になりました。

卒業後、ミシェル・ゲラール氏、ミシェル・ブラス氏、レジス・マルコン氏らの元で学び、ノルマンディー地方の「シャトー・シュリー」でシェフになりました。店が保持していた一ツ星をキープして3年がすぎる頃、ブラス氏から電話があり、北海道・洞爺にオープンする「ミシェル・ブラス トーヤ ジャポン」のシェフにならないか、と打診されました。当時の私は「ゴー・ミヨ」で〝未来の巨匠〟に選ばれるなど注目シェフという扱いだったのですが、過剰すぎるとも思える自分への期待にちょっと辟易していました。一度フランスから離れて存在を忘れられたほうがいいのでは、と考えたこともあり、日本行きを決めました。結果、3年間フランスを離れたのですが、本当に見事なまでに忘れられましたよ（笑）。

洞爺湖での日々はすばらしい思い出に満ちあふれています。もちろん最初は大変でしたよ。言葉はわからないし、ヨーロッパ人がほとんどいなかったので、妻と出歩くたびにみんなにジロジロ見られたり（笑）。でも豊かな自然の中ですごせたのは最高でした。早朝4時に洞爺湖に下りて釣り糸をたれ、静寂の中、目に見える動くものは湖面の鴨だけ……。ああ、本当に懐かしい。オンフルールは海辺の街ではあるのですが水質が悪いのが残念です。

2005年に「SaQuaNa」をオープンしました。SaはSaveurs（風味）、QuaはQualité（質）、NaはNature（自然）を意味します。メニューは5皿か9皿からなる2コースで、スペシャリテのアンコウの一皿以外、料理は頻繁に変わります。日本の皆さんなら店名から想像できるように魚介が中心ですが、肉料理も必ず入れますし、ワゴンサービスのチーズもコースに組み込んでいます。前菜、魚、肉、チーズとサラダ、デザートという伝統的なコースの流れが気に入っていて、それを守っているのです。食事の中で5種ほどの魚介を召し上がっていただくことになりますが、生、ポシェ、マリネ、ポワレ、グリエ、ブイイ、ロティなど異なる技術を使い分けて多彩な魅力を引き出すようにしています。

アペリティフの時に提供するのが「パスカード」。これは私が生まれたフランス中南部の山岳地帯アヴェイロンの郷土料理で、厚焼きクレープのようなもの。こんがり焼いて、シブレットとトリュフオイルで味つけします。ゲストにはこれを皆で分け合って、ちぎりながら食べてもらうのです。最初は、いえ今でも驚かれますね。ガストロノミーレストランが、手を使って分け合う料理を出すのか？ と。チーズを提供する際に、家で食べる時のように大きなボウルでサラダを添えて出すのもびっくりされます。

これらはすべて、私が大切にしている〝分かち合い〟や〝懇親性〟といったイメージにつながるものですが、批判されることも多い。なぜだろう？と考えた時、「人と違うから」という答えに行き着きました。単純に、見たことのないものだから批判される。でも私はそれでいいと思っています。他の料理人や料理哲学とは違う、自分自身の世界で生きていきたいのです。

店名にもある通り、私は魚介が大好きで、多くの種類を使います。店のあるオンフルールの海は水質汚染のため漁が行なわれていないのですが、なるべく同じノルマンディー地方産を仕入れています。もちろん、ブルターニュ地方から〝フランスで最高のテュルボ〟を仕入れることは可能です。でも、私はそれをしようとは思いません。私には、「最高の食材しか使ってはならない」という強迫観念はないのです。むしろ、自分が食材に合わせて調理し、魅力を最大限引き出せばいい。それが料理人というものじゃありませんか？

1 テーブルの引き出しに組み込まれた1サービス分のカトラリーセット。料理が変わるたびにスタッフが取り出す。2 ターブルドット風の木製テーブルが目を引く店内。石壁にはかわいらしい“魚”の絵がかかる。

店から車で10分ほどのところにある2haの畑で野菜を育てるビアス親子。毎朝、息子のジャン=マルク・ビアス氏が収穫したての野菜を店に運ぶ。

たとえば、形が不揃いのアスパラガスを返品する、いちばん大きなラングスティーヌしかいらない、なんてシェフがいますよね。でも今は、世界的に食糧事情が非常に難しい局面を迎えている時代です。食の第一線で活動している人間として、食材の選り好みなんて絶対にしてはいけないと思います。料理人の本当の才能は、ごく普通の食材を余すところなく使う時にこそ表れるのではないでしょうか？　極上のサーモンの真ん中の部分をエテュヴェしてキャヴィアを添える、なんて料理は誰にでもできます。でも、サーモンの尻尾とジャガイモとポワローしかなかったら？　そこからすばらしい品を作るのがプロだと思うのです。

私は食材の品質がちょっと落ちるとか、小さな傷がついているという程度であれば買い上げ、料理人としてのノウハウでよりよいものに表現しようと努力しています。もし私が返品したら、それらの野菜や魚はどうなるでしょう？　廃棄されてしまうかもしれないし、生産者もがっかりするはず。私はそんな姿を見たくはありません。こういう姿勢でいると、うれしいことに自然と生産者からの支持が集まり、いい関係を築くことができます。

また、料理とは調理器具が行なうのではなく、料理人の手が行なうものだと強く信じています。昨年、店を改装した時、調理場に絶対にガスの火口を残すように指示しました。逆に、ウォーターバスなんていりません。大切なのはアクト・ド・キュイジニエ（料理人の行為）、すなわち、ロティールやアロゼなど手で行なう調理です。私は一皿を完成させる時、エネルギーの8割をそうしたアクト（行為）のために費やし、残りの2割を風味のハーモニーなどの構成にあてています。

私の料理へのアプローチや哲学が他の料理人とは違うために、よくも悪くも批評の対象になりがちですが、それで構いません。ビジネス的に成功しようと思えば、誰かがすでにやった既存の成功例を真似ればいい。結果、パリでは同じような店ばかりが増えてしまいましたけどね（笑）。友人の二ツ星シェフに言われたことがあるんです。「お前は、テーブルにクロスを敷かない、週3日も休む、家庭的なエスプリをガストロノミーに取り入れ、従来の高級店とは違うことをやってのけた。俺にはそんな勇気はなかったよ」と。私だって怖かったけれど、他のやり方をしても、窮屈で自分が不幸になるだけだとわかっていました。

10年かけて、自分らしさのある店作りができてきたと思います。ようやく、自分の料理と人生と店が、いい感じで同化してきたというか……。昨年は店の入る建物全体を買い取ってのリニューアルを余儀なくされ、この10年で得た利益はすべて無に帰しました。ある意味ゼロからの再出発ですが、気持ちを新たにさらに理想を追求しますよ。簡単な道は絶対に歩きたくない。でこぼこしていて苦労が多い巡礼のような道。長くて困難だけれど、これは私だけの人生です。ひょっとしたら途中で倒れてしまうかもしれません。でも、自分の道を歩むという意思と誇りは何ごとにも変えられないのです。

#23

エマニュエル・ルノー
Emmanuel Renaut

フロコン・ド・セル

1968年パリ近郊生まれ。北部のピカルディー地方で育ち、「オテル・ロッティ」、「オテル・ド・クリヨン」（ともにパリ）で修業。20歳でサヴォア地方に移り、「オーベルジュ・ド・レリダン」（アヌシー）で計７年間修業。「クラリッジズ」（英国・ロンドン）のシェフを経て、'97年末にサヴォア地方ムジェーヴ村の中心部で独立。2004年M.O.F.取得。'08年に現在地に移転。'12年よりミシュラン三ツ星。

＊取材は2017年３月。情報もその時のもの

生まれ育った地方の食文化に誇りと愛情を持ち、修業後に地元に戻って独立する料理人が多いフランス。一方、出身地以外の地方に魅力を感じて移り住み、その地の食文化の振興に大いに貢献する料理人もいる。ひと昔前の世代ならフランス北部で生まれ、南仏で活躍したジャック・マキシマン氏の名が挙がるだろう。そして今、現役で活躍する世代では、「フロコン・ド・セル」のエマニュエル・ルノー氏がその代表格だ。

ルノー氏はフランス北部ピカルディー地方で育ち、パリで料理修業をスタート。しかし幼い頃からの山への憧憬を抑えきれず、フレンチアルプスが連なるサヴォア地方で活躍していたマルク・ヴェイラ氏の門を叩く。その後、ロンドンでシェフとして働き、29歳の時サヴォアに戻って山岳リゾートのムジェーヴ村を自身の独立の地と定めた。

当時は美食エリアと目されていなかったこの地で一人腕を磨く日々。その中で、「豊かな自然環境が与えてくれる山の幸の魅力と貴重さに少しずつ開眼した」とルノー氏は話す。春夏には毎日のように近くの森でキノコやハーブを摘み、自家菜園で伝統野菜を育てる。独立20年を迎える今日では、地元の生産者たちとの強い関係をベースに周辺の山、湖、里の幸の魅力を存分に皿の上で表現するようになった。

天才料理人マルク・ヴェイラ氏の後を継ぐように感性豊かな料理人たちの才能が数多く花開き、今ではフランス料理界でもっとも注目を集めるエリアになったサヴォア。その中でもルノー氏は、M.O.F.タイトルが証明する高度な技術を駆使して、人々の記憶に残る「山のガストロノミー」を作り上げている。

＊

山とスキーへの愛情から、私はアルプスの一隅、サヴォア地方で生きることを決めました。自然とは無縁のパリ近郊で生まれフランス北部に育ったのですが、子供の頃からヴァカンスなどで訪ねる山が大好きで…

…。兵役の場所もサヴォアを選んだくらいです。

パリで料理修業をスタートしたものの、2年後にはサヴォアに移り、アヌシーのマルク・ヴェイラ氏の店で計7年間を過ごしました。その後、ロンドンの高級ホテルでシェフを数年間務めましたが、結局サヴォアに戻り、ムジェーヴで独立したのです。

これからの人生をずっと山の中で過ごそうと決めていたので、山岳地帯に近く、かつにぎわいのある村を探しました。ここムジェーヴはスキーリゾートとして有名ですが、同時に夏のアクティビティも多く、一年を通して一定の人出が見込めます。また、昔からここに山荘を持っている家族も多く、たとえばクーシュヴェルなどのジェットセッター御用達の超高級スキーリゾートに比べると、ぐっと家庭的な和やかさがあるのも気に入りました。もっと大きな町を選ぶ方が経営が楽なのは確かです。でも、自分自身が心地よく感じられ、自然に息ができる場所にいることのほうが、人生においてより大切だと感じます。


ムジェーヴに店を開いたのは1997年12月23日でしたから、今年でもう20年目です！ 2008年には村から車で10分ほど山に分け入った場所に土地を買い、宿泊用の部屋も擁するホテルレストランを新築して移転しました。山がすぐ横で、厨房も広くなり、自家菜園もはじめて……よりテロワールに忠実かつ敬意を持った料理ができるようになりましたね。

サヴォアの山というと、冬の雪山や夏の高山植物が咲き乱れるイメージでその美しさが語られがちです。でも実際に生活をすると、山の魅力は美しさだけではないことに気づかされます。本当の魅力は、目に見えない、山にしか宿らないエタ・デスプリ（精神の状態）という魔法にあると感じるのです。

山は、峻厳な一面ととてもやさしく繊細な一面を兼ね備えています。たとえば、山に育つ野草や木などがまとう香りは、とてもデリケートですよね？ だから料理にそれらを取り込もうとするなら、扱いをごく繊細にする必要がある。その加減が難しいのです。これ

1 ムジェーヴから車で10分ほど登ったところに、山小屋風の建物数棟からなる現在の店を2008年に新築。村の中心部から移転した。2 宿泊用の客室も山小屋風の内装。木の温もりと高級感が共存する居心地のいい空間だ。テラスの外には美しい山並みが広がる。

「フロコン・ド・セル」近くのゲレンデから見下ろしたムジェーヴの景色。モンブランをはじめとする美しいフレンチアルプスに囲まれた山間の街だ。

ばかりは、山と共存して感覚を研ぎ澄ませ、移り変わっていく自然を感じながら日々の生活を重ねる以外に学ぶ方法はありませんね。

この20年ほどの間にサヴォアのガストロノミー事情は大きく変わったと感じます。以前は、マルク・ヴェイラ氏の店など数少ない例外を除いて、美食の地としての評判は高くありませんでした。地域自体もスキーやハイキングなどスポーツの振興に力を入れていましたし、山の料理＝昔ながらの洗練されていないものというイメージが支配的でした。しかし徐々に、料理人とゲストの意識に変化が芽生えてきました。ゲストはレストランの料理にこの地方ならではの独自性を求め、料理人はそれを独創的に昇華させるための卓越性を競うようになったのです。今では多くの料理人が続々とすばらしい料理を創作しているので、互いに刺激し合えてワクワクしますよ。

私自身、より土地の食材や歴史を意識した料理を作るようになりました。この店を訪れたゲストに山の一部を味わっていただき、山の思い出を持ち帰って欲しいと強く感じます。それは、サヴォアの自然環境とそこに住む人々への尊敬の念が大きくなったからだと思います。今の私は料理人としてよりも、「山の人」としてのアイデンティティを大切にしているのです。

ここサヴォア地方は、山に抱かれた森と湖が生み出す食材の宝庫。20年前にムジェーヴに店を開いた頃は、オマールやキャヴィアなどの高級食材も多く使いましたが、住めば住むほど周囲にあるすばらしい食材の価値に惹かれ、今ではたとえば魚介はほとんどがレマン湖など周囲の湖で獲れる淡水魚です。マス系のオンブル・シュヴァリエやフェラ、カワカマスやサリガニ、スズキ系のペルシュ……。禁漁期間もあって夏までは収穫量が少ないので、冬には海の魚介も使いますが、シーズン中はほぼ淡水魚。週に3度ほど、懇意の漁師が釣ったものを配達してもらっています。敷地内に菜園も作り、野菜やハーブを40〜50種栽培しています。カルドンやコールラビなど、生産量が少なくなってしまったこの地方の伝統野菜も育てています。そして夏は、すぐ横の山と森も私の庭。毎朝スタッフたちと、キノコやハーブを採取に行くところから仕事がはじまります。夏は、サヴォアが誇る乳製品も抜群。高地で放牧された牛の乳から作るバターやクリームのおいしさときたら！　夏の山の香りは、まさに魔法ですよ。冬もいいですが、ぜひ夏にここへ来て、食材の魅力を体感してほしいですね。

土地の食材の魅力を理解するのに、生産者の存在は必要不可欠。彼らは取引先ではなく〝協力者〟です。彼らとの絆を強めて相互理解を深めない限り、私の理想の料理はできません。彼らとは多くの時間をすごしています。日本での仕事についてきてもらって、一緒に富士山に登ったり築地の魚市場に行ったこともありますよ。自分が何をしたいのか、どうしたいのか、どこに向かっているのかを共有してもらうことが大切。哲学、価値観の共有ですね。これは生産者だけでなく、厨房スタッフも同じです。レシピが重要なのではなく、

「私の宝物」と話す包丁は、日本の高村刃物製作所製。ルノー氏は福井県の同社の工房を3度も訪ねている。「瑠能（ルノー）」と彫られた愛刀が、日々三ツ星シェフの傍らに寄り添う。

なぜこのレシピに行き着いたのかを、山での採集を含め多くの時間を共有することによって理解してもらいたいと願っています。

料理はゲストのためにするもの、とよく聞きますが、私は料理とは根本的にエゴイスティックなものだと思います。ゲストも大切ですが、まずは自分が好きだと思う料理を作らなくてはいけません。それは、自分自身を映し出すものであり、自身の歴史やいる場所の物語でもある。たとえば私はキュウリやピーマンが苦手なので、料理に登場させません。またスパイスは、サヴォア地方との関連性がないので使いません。季節や気候により姿を頻繁に変える山に、私の料理は似ていると感じます。日々届く食材の状態に合わせて、少しずつレシピを変える。夏でも雨が降る寒い日にはトマトサラダは似つかわしくないし、今年のように暖かい冬と、雪に閉じ込められるような寒い冬では食べたい料理も違いますよね。常に意識を自然に向け、感じたものを皿に表現したいのです。

厨房スタッフは約20人と充実の体制。日本人スタッフの姿もある。ルノー氏はデシャップで指揮を執るだけでなく、ストーブ前にも頻繁に立ち、常に大きな声でスタッフたちを鼓舞する。

とはいえ、自然をそのまま皿の上にのせただけでは、料理になりませんよ（笑）。シンプルにナチュラルに見えることは大切ですが、そこには、高度な技術と緻密さが隠れて存在しないとなりません。でも、ゲストにそれを見せる必要はない。彼らには、驚きではなく、あくまでもこの地方の自然の魅力を感じてほしいのです。私は常に技術の向上に励み、これまで数々のコンクールにも挑戦してきました。M.O.F.は2007年に、3度目の挑戦で獲得。2度の失敗にがっかりすることはなかったです。失敗は自分をより強くしてくれますから。

私がめざすのは、おいしさと並列して感動と物語性を持った料理。おいしいだけでは不充分です。料理をする喜びと個性、そして愛するこの土地の自然への思いを大切にしつつ、これからもより深い自己表現をしていきたいと思います。

#24 #25

ミッシェル & セザール・トロワグロ

Michel & César Troisgros

トロワグロ

1958年ロアンヌ生まれ。ホテル学校卒業後、「アラン・シャペル」、「タイユヴァン」、「レ・プレ・ドゥジェニー」などフランスの名店と、N.Y.、ベルギー、ロンドンで修業。'83年から「トロワグロ」の厨房に立つ。'96年から一人シェフ体制、2015年からは長男セザール氏と二人でシェフを務める。名門店の3代目として世界をまたにかけて活躍中。

1986年ロアンヌ生まれ。ポール・ボキューズ学院を卒業後、「ミシェル・ロスタン」(パリ)、「エル・セジェール・デ・カン・ロカ」(スペイン)、「フレンチ・ランドリー」(米国)などで修業を積む。2011年より「トロワグロ」、'15年から父親のミシェル氏と二人シェフ体制で、メゾンの4代目シェフとして活躍中。

＊取材は2017年5月。情報もその時のもの

1930年に創業した「トロワグロ」は、2代目ジャン&ピエール兄弟が'68年に三ツ星を獲って今に至る、フランス料理界きっての名門店。現在は、3代目ミシェル氏が、長男セザール氏と一緒に厨房に立っている。

リヨン北西部に位置するロアンヌは、森や草原、河川などの雄大な自然に囲まれた土地であるとともに、昔から人々が行き交う交通の要所。地元の豊かな食材を大切にすると同時に、外からの影響を素直に受け入れるという、内に凝り固まらず開かれた視点を持っている土地だ。トロワグロ一家の血にも、そんな土地の特徴が宿っている。

ミシェル氏の父ピエール氏は'60年代後半に東京・銀座「マキシム・ド・パリ」の初代シェフとして日本に滞在した。日本を知った最初のフランス人シェフの一人である。和食文化から大きな影響を受け、それを自らの料理に取り込み、唯一無二のスタイルの料理を創造することに成功した。「父と叔父のジャンから習った最上の教えは、常なる変化と革新を求める姿勢」と語るミシェル氏。その精神を大切に、父たちが築いた偉大な料理を超えて自身の料理スタイルを、自分自身と周囲からのプレッシャーに打ち勝って生み出し、〝トロワグロ兄弟の息子〟ではなく、〝ミシェル・トロワグロ〟として高い評価を得るに至った。

その変革を常に追い続ける姿勢は、2016年12月、80年近くも拠点としていたロアンヌを離れるという、メゾンの歴史はじまって以来の大変化をもたらした。ロアンヌから近いウッシュに、動物が集い、果樹園や菜園、沼地が広がる豊かな自然に囲まれた17haの敷地を確保。ここがトロワグロの新たな舞台だ。自然に抱かれた空間で、ミシェル氏はセザール氏とともに、どんな伝説を新たに生み出していくのだろう。父と子、それぞれの思いを聞く。

＊

トロワグロの歴史は1930年に、リヨンから

ロアンヌから車で10分ほどのウッシュの町はずれ、森や草原、沼地、ハーブ園などからなる17haの広さを持つ新生「トロワグロ」の敷地。昔の地主の館（建物左）をホテルに、農家（建物右）をレセプションに利用し、間にレストランと厨房を新設した。

ロアンヌ時代の厨房の美しさも有名だったが、新しい厨房も凛とした美を湛えている。仕切りのない250㎡の空間に、いくつもの作業台が並ぶ。

100㎞ほど北西のロアンヌではじまりました。昔から交通の要所で、常に他地域の人々が集まる場所です。土地としての強い特徴はありませんが、異文化に対する心が広いと感じます。ロワール川と周囲の湖や沼には、淡水魚やエスカルゴ、エクルヴィスなどが豊富。草原や森にはキノコ、コート・ロアネーズというワイン産地でもありますし、牛の王様シャロレー牛もこの地の誇りです。

料理人一家に生まれ育ち、自分も一緒にやりたいという気持ちは、自然に生まれました。両親や叔父の生き生きと幸せそうな様子を見ていたからでしょう。彼らは、自分たちの最良をゲストに与え、最高の思い出を作ってあげたい、と常に願っていました。そういう思いが、自分の限界を超えさせてくれたのでしょう。「自分がトップになりたい」ではなく、「他人の喜びのため」という姿勢が、店の名声につながったのだと思います。

'65～'80年の15年間はヌーヴェル・キュイジーヌの全盛期で、父と叔父は、大胆で勇気ある、今までにないスタイルの料理を創造しました。この時期は、料理に限らず、映画などのアートも激変し、フランスの社会全体が大きく変わりました。「フランス料理が最高」と思っていた価値観も、海外旅行が増えるにつれ、日本など他国にもすばらしい食文化があると知るようになったのです。父たちはとくに日本の食文化に魅了されました。繊細さ、精密さ、引き算の美学、洗練。私の最初の日本行きは、父と一緒に18歳の頃。父からよく話を聞いていたあこがれの国でした。東京、神戸、富士山、箱根とまわったのを今でも覚えていますよ。日本との交流を糧に、トロワグロが一気に飛躍したのは確かです。異文化を疎んじるのではなく、興味を持って組み込みながら発展させる。好奇心を持った常なる発展と変化はわが家の特徴です。

'83年に叔父が亡くなった後、父とともに、その後'96年から一人シェフとして自分の料理を作りはじめた時、〝偉大なジャンとピエールの息子〟としてのプレッシャーに負けそうになったこともありました。「彼らのレベルに至ることはできないのでは……」と不安になり、ロアンヌを引き払おうと思ったことも。でも、妻のマリ＝ピエールが、私を勇気づけ、信じてくれたのです。自分の料理を作りはじめた時、ゲストやプレスからは、前のほうがよかった、前と同じ料理を作り続けるべきだ、と叩かれたことも少なくありません。でも、妻も私も、自分の料理を作って変化することこそが、メゾンを生き続けさせるための唯一の方法だと信じていたのです。父たちから受け継いだ最高の教えは、〝変化、革新〟。彼らは自分たちがやっていることにけっして満足することなく、常に自問し、新しいものを不器用に、しかし執拗に探求していました。もちろん変化を求めることはリスクを伴いますが、彼らは恐れなかった。

　昨年12月に店を閉め、車で10分ほどのウッシュに移転したのも、このエスプリが原動力です。ロアンヌの限られた空間の中でやれることはすべてやり尽くし、これ以上の展望は見えませんでした。セザールと次男レオがさらなる自己発展をするには、他の場所が必要だったのです。親戚、顧客、従業員、料理人仲間、ジャーナリストが揃って移転に反対しました（笑）。でも妻と息子たち、私だけは、これが未来への唯一の道、と確信していました。周囲の人々は過去のノスタルジーとともに生きていましたが、われわれは未来しか見ていないのです。3代目から4代目に受け継がれつつあるトロワグロの新たな歴史が、新たな場ではじまったのです。どんな歴史を紡ぎたいのかは、息子のセザールに語ってもらいましょう。

（ミッシェル・トロワグロ）

高い天井、大きな窓、木立をイメージさせる鉄の柱からなるレストランの客席。周囲の森との境界線を感じさせない美しい空間は、“Le bois sans feuilles(葉のない森)”と名づけられた。

サービス前のブリーフィング。ひとたび仕事がはじまると、静かに、かつスピーディーに、各々のセクションで作業が進んでいく。

父と同様、ロアンヌで生まれました。若い頃は親の職業を継ぎたくなくて、音楽などアートの世界にあこがれたり、エンジニアの道に行きたいと思ったことも。素直に料理の世界に入った父とは違い、葛藤がありましたね。それでも高校を卒業する頃には、料理人になりたいという希望――情熱はまだなかったですが――を持つようになり料理学校に入りました。料理への情熱が生まれたのは修業時代。パリ、スペイン、米国、ブラジルなどでの修業先はすべて「トロワグロ」と同じ家族経営の店。料理や経営のスタイルこそ違いますが、シェフとスタッフが親密な関係を築いており、継承を大切にする情熱に満ちた店々で学ぶうちに、この職業を愛するようになりました。

父と働くようになったのは、父が祖父と働くことになった時と同様に、ある意味、偶然。父は、オーストラリアでの修業準備でロアンヌに一時戻っていた時に大叔父ジャックが亡くなったため、祖父の元に残りました。私は、2011年3月から東京のトロワグロで働くべく、ロアンヌで準備をしていて、来週には出発という時に東日本大震災が起きたのです。訪日は様子見となりコミとして働きはじめたのですが、シェフ・ド・パルティ、スーシェフと次第に店での地位が固まり、動くわけにいかないことに。'15年からは父と二人シェフ体制で、家族の店の発展に全力を尽くすことに決めたのです。

父もお話ししたと思いますが、わが家のモットーは〝変化〟。今、料理のクリエーションは、父と私、さらにチームスタッフもアイデアを出し合い、父と私で試作しては意見交換を何度も何度もくり返して行なっています。完成させた料理も、季節の移り変わりやゲストからの意見などにより、どんどん変わります。作ったものを凝り固めず、常に構築的、かついきいきとした料理をめざしています。

トロワグロの長い歴史において大きな節目となる今年の移転。家族以外の皆に大反対されましたが、オープンから数ヵ月が経ち、この決断はやはり正しかったと確信しています。何より料理や仕事に対するわれわれの見方が変わったのが大きいですね。街の駅前から大自然に囲まれた森の中へと環境が大きく変わり、客室の雰囲気も一変。自分の身を置く場所というのは大切だとしみじみ思います。アーティストも、たとえばニューヨークの喧騒の中にいる時と田舎にいる時では異なる感覚を持つでしょうし、その表現方法に強く影響すると思います。われわれも新しい環境を得て、今までにないインスピレーションを皿の中に描き出せるようになりつつあると感じています。

森に囲まれて日々を送る今、〝フォレ・コメスティーブル（食用の森）〟を意識するようになりました。アマゾンなどの原生林では、森や川が人間に豊かな食を与えてくれます。山から清水が湧き、川には魚が泳ぎ、森にはジビエやキノコなどが育つ。大地自体がわれわれに生きる糧を与える力を持っています。そんなあたりまえのことを、自然に囲まれたこの場所であらためて感じられるようになりました。人間はもっと自然が与えてくれるものに満足し、謙虚になるべきではないでしょうか。自然と向き合いながら、自分たちにもゲストにとってもプラスになる変化を生み出していきたいですね。

移転を機に「これからはセザールの料理の時代になるんだね」という声も耳にします。確かに今、父から少しずつより多くの責任を渡されつつあると感じています。とはいえ、私は30歳になったばかり。今はまだ、父の指導や存在が必要です。ゆっくり時間をかけながら父から多くを継承し、いずれはそれを自分なりに発展させ、未来のトロワグロへとつなげていければ、と願っています。

（セザール・トロワグロ）

1 古い農家の建物を生かしながら、コンテンポラリースタイルの内装を配したメインエントランス。写真右手のレセプションのさらに右手に、レストランがある。2 テーブルはクロスの代わりに、マリ=ピエールさんのデザインのマットを敷く。3 周囲の自然と一体化した客席。

#26

アレクサンドル・クイヨン

Alexandre Couillon

ラ・マリーヌ

1975年セネガル生まれ。７歳でフランス·ノワールムティエ島へ移り、同地のホテル学校で２年間学び、「ミシェル・ゲラール」などで修業。'99年に島で両親が営んでいたカフェを継ぎ、「ラ・マリーヌ」を開店。2007年にミシュラン一ツ星、'13年二ツ星。レストランガイド『シャンペラール』'15年“今年のシェフ”、ゴー・ミヨ'17年“今年の料理人”に選出されるなど、多くのガイドで高評価を得る。

＊取材は2017年７月。情報もその時のもの

フランス西部、ペイ・ド・ラ・ロワール地方の最西部、太平洋に浮かぶノワールムティエ島。広さ49㎢ほどの小島は海洋性気候で、年間を通して温暖な環境だ。風を利用した塩作り、漁業、そしてジャガイモ栽培が盛んで、夏は観光地としても人気が高い。

人口1万人弱の島の、北西端の港町レルボティエールで1999年に「ラ・マリーヌ」を開いたアレクサンドル・クイヨン氏。住民はガストロノミー料理を楽しんだりレストランに頻繁に通う習慣を持たず、夏にしか観光客が来ない、最果ての地での挑戦であり、苦労は並大抵ではなかった。集客がまったくできない苦しい年月が長く続き、もう無理だ、店を閉めようか、とあきらめかけた8年目に付いたミシュラン一ツ星が、大きな転機に。「こんな場所に星付きレストランが!?」と次第に周辺地域やパリからの興味を引くようになり、同時に、氏の料理も単なるガストロノミーから、より島の気候風土に寄り添った料理へと舵を切った。

島の自然に大きな敬意を払い、よりナチュラルに、より食材の魅力にフォーカスし、そこに島に対する自分の思いを加えた、個性豊かなクイヨン氏の料理は、年月を重ねるとともにその輝きを強めた。そして、2013年にはミシュラン二ツ星、'17年版ゴー・ミヨでは〝今年の料理人〟という評価を獲得。国内のみならず世界中のさまざまなメディアでも大きな注目を浴びるようになり、今ではフランスを代表する料理人の一人だ。

地方で独自性を持って活躍する料理人が多いフランスだが、島というひときわ孤立した強い個性を宿す環境で、他の料理人の動向を気にすることなく、自身の哲学を真摯に追求し続けるクイヨン氏。生み出す品は、地方料理の無限の可能性を感じさせてくれる。

＊

父の仕事の都合で7歳までアフリカのセネガルですごしました。１９８０年に両親が、現在ビストロとしている建物のカフェを買い、毎年夏の２ヵ月間だけセ

20席の客室。横に、6席ほどの個室として使えるスペースもある。「最高の食材で作りたての料理を出すにはこの客席数が最大」とクイヨン氏。

ネガルを離れ、ここでレストランを開いていました。私がフランスの他の地方で料理修業をしていた'99年に両親から「店を畳もうと思う」と連絡があり、ならば自分が継ごうと考え、島に戻ったのです。

ノワールムティエは、フランス西部の大都市ナントから車で2時間近くかかる、大西洋に浮かぶ島です。塩、ジャガイモ、そして魚介が特産で、島民の多くはこれらの産業に従事しています。今でこそ観光地として人気ですが、私が店をはじめた頃は、夏は賑わうものの、それ以外の季節はまったく人が来ず、レストランの数も今に比べるとはるかに少なかったですね。島の人々は、リヨンの人のように毎週日曜日はレストランで食事をするといったような習慣はなく、誕生日や何かの記念日に訪れる程度。一つ目の星を得る2007年までの7年間は、本当に本当に辛く苦しい日々でした。誰も来ないから今日はもう閉めよう。下ごしらえをした食材は無駄になる。いい魚を買っても宝の持ち腐れで、会計士からはそんな高級魚を買ってはいけないと怒られる——。妻のセリーヌと二人、何度も泣いたことがありましたよ。もし今、店を継ぐかと問われたら、躊躇するでしょうね（笑）。若くて怖いもの知らずだったので、やろうと考えたのだと思います。

建物の契約が7年間だったことから、とりあえず7年は死にもの狂いでやってみよう。それでダメでも、精一杯やれることはやったし後悔はない、と思って頑張ってきました。そして8年目の'07年にミシュランの星が付き、一気にゲストが増えたのです。翌年、それまでの場所をビストロにし、隣の建物を買ってそこでより本格的にガストロノミー料理を追求しはじめました。

自然豊かなこの場所にいると、自ずと自然と自然が育む食材への敬意が生まれます。私の使命は、島の魅力をナチュラルに、そして自分らしく皿に表現することと考え、長い年月料理に向き合ってきました。料理の主役は私ではなく食材であり、料理の内容を決めるのは食材です。私は寄り添って魅力を全面に出すべく手助けをするだけ。ただし、それには食材が最高のクオリティであることが必須で、生産者に自分の哲学を理解してもらい彼らを啓蒙することが不可欠です。

たとえば魚のメルランを釣る漁師ははえ縄漁を行なっていますが、当店に用意してくれるのは、最後の最後に引き揚げた鮮度がもっともよい数尾。私はそこからさらに、自分の希望にかなうものを選びます。数年前までは〝とてもいい食材〟に甘んじていましたが、今は〝極上の食材〟に対する追求心がとても強く、それを手に入れるべく日々努力を重ねています。パリでは絶対に入手できない、おそらくフランス最高であろうメルランが手に入り、しかもすぐそこで調理できる環境だからこそできる料理表現をめざしているのです。

こんな遠い島までわざわざ来てくれるゲストは、私が語る島の魅力を求めています。私の感性が表現するナチュラル、ヘルシー、そして生き生きとした料理を。私は盛りつけを、ほぼ自分一人でします。パリの大きな店だと、一皿を三人くらいでいっせいに仕上げますが、私はそういうのは苦手です。盛りつけ一つにも自分の一瞬の感性を宿し、より自分の魂のこもった皿をゲストに届けたいのです。

18年間という時間をかけて少しずつ島の魅力を掘り下げ、そこで得た感動を料理に表してきました。自分の経験と感性だけが生み出せる品を、これからも創造していきたいと思っています。

故郷ノワールムティエでの独立を決めた時から、この島ならではの食材を使いながらも、伝統的な料理法とは離れた、食材の魅力を強く感じさせる料理を作りたい、と思ってきました。フランス西部の果てであるこの小さな島にはガストロノミー文化がありませんし、魚介に恵まれているとはいえ、魚料理といえばバターや生クリームでどっぷり和えたり、クタクタになるまで煮込むようなものが定番です。私がめざした料理は、最初は、周囲の人たちに奇妙な目で見られましたよ(笑)。温暖で野菜作りに適した気候なのに、島の人たちは伝統であり利益が見込めるとわかっているジャガイモ栽培一辺倒。理想とする野菜を手に入れるのに協

1 厨房スタッフは7～8人。ビストロとの共同厨房で、写真奥にビストロの客席が広がる。大きく腕を動かしながら、指揮をするように盛りつけを行なうクイヨン氏。2 店から車で15分ほどの海岸。この海岸と横に続く森は、クイヨン一家がよく散歩に訪れる場所だ。3 広さ1800㎡の自家菜園。氏は日本野菜に興味津々で、日本のダイコンやミズナなども育てる。

日照時間と風に恵まれたノワールムティエ島は、ゲランドと並ぶフランスきっての塩の名産地。塩は食材保存に利用されていたため、塩業は冷蔵庫の登場で一時衰退したが、食材への関心の高まりとともに再興している。

力してくれる農家がいなくて、3〜4年前からは自家菜園をはじめました。最初は庭師がいたのですが、私と考え方を共有できず、辞めてしまい……。代わりの人も見つからず、今は私が、夜の営業後に水やりをしているんですよ（苦笑）。体力的にもすごく大変ですが、好きな野菜を好きな瞬間に、しかも収穫したてを使えるということは、自分の料理においてとても大切なことなのです。

この土地だからこそ入手できる、いっさい妥協のないとびきりの食材。そのすばらしい持ち味を昇華させるために私は全力を尽くします。ですので、「ラ・マリーヌ」は厨房スタッフ7〜8人に対してゲストは20人前後。席数が少なく思われるかもしれませんが、サービスごとにゼロから仕込みをはじめて仕上げるのはものすごく大変で、この比率が限界だと思います。大箱の名店を経て来る修業の子が時々、「20席？　余裕ですね」なんて最初は言うものの、すぐ「なんてハードなんだ！」と目を丸くすることも多いです（笑）。

オープンから18年。カジュアルなスタイルでスタートし、ゆっくり焦らず、進化を続けてきたと自ら感じていますが、大きな転機は3年ほど前に初めて日本を訪れたことですね。当店は4~5年前から少しずつ注目されるようになり、いろいろな国の料理人との交流も増え、その考え方に刺激を受けることが多くなっていましたが、日本での経験はとても新鮮でした。なぜ活け締めが必要なのか、なぜこういう切り方をするのか、それにはなぜこういう包丁を使うのか——。和食における魚に対する姿勢というか精神を、友人の奥田透氏（「銀座 小十」主人）のおかげで深く学ぶことができました。今フランスでは「活け締め」がちょっとしたブームになっていますが、その必要がない魚に施したり、やり方が正確でなかったり、単なる流行としてとらえている料理人もいるのが残念です。

活け締めという技術もそうですが、シンプルでありながらすばらしいと思えるような料理には、一見ではわからない手間ひまが多くかけられていたり、よい食材を手に入れるための苦労が常にあります。たとえ見えなくても、食べてもらえれば確実にその違いはわかります。ゲストが「ワオ!? こんなにシンプルなのになんでこんなにおいしいんだ！ こんなの食べたことがない！」と感動してくれるのがいちばんうれしい。料理に自分のエゴはありません。厳選した食材が生き生きと輝いてくれるのが、私の喜びなのです。

アクセスの悪いこんな遠い島まで世界中から多くのゲストが来てくれる。そんな皆さんに対し、来てくれて本当にありがとうという真心を込めて、愛する島の食材と日々向き合っています。なんて幸せな日々なんだ、としみじみ思うんです。世界には戦争があったり、食糧難も多い。そういう国に比べて本当に恵まれていますよね。われわれは、小さなことに対して文句を言いすぎることが多い気がします。手元にあるものに感謝し、自分のまわりの時間を大切に感じながら、これからも料理の世界で生きていきたいと思っています。

#27

アルノー・ラルマン

Arnaud Lallement

ラシエット・シャンプノワーズ

1974年ランス生まれ。ストラスブールのホテル学校を卒業後、ロジェ・ヴェルジェ、ミシェル・ゲラール、アラン・シャペルらの下で修業し、'97年、家族が経営する「ラシエット・シャンプノワーズ」へ。2001年一ツ星、'05年二ツ星、'14年三ツ星を獲得。'13年ゴー・ミヨ"今年の料理人"に選出。

＊取材は2017年9月。情報もその時のもの

フランス北東部の大都市、ランス。人口20万人の町は、シャンパーニュのメッカであり、大聖堂などの名所も多く、パリからTGVで1時間もかからずに行ける利便性もあって、フランスでも人気の観光都市だ。この町に隣接する人口1万人ほどのタンクーに、シャンパーニュ地域で唯一の三ツ星レストラン「ラシエット・シャンプノワーズ」がある。

オーナーシェフのアルノー・ラルマン氏はこの地で生まれ育ち、南仏を中心に数年間料理修業を積んだ後、愛する地元で両親が創業した店に戻り、本格的に料理をスタート。早すぎる父親の死を乗り越え、母、妹、妻の協力を得て、父親が築き上げた家族の絆が生み出すホスピタリティあふれる店作りを大切に継承し、発展させてきた。今では最大60人のゲストを迎えられるダイニングと、プールや広々としたサロンなど快適な空間をふんだんに擁するホテル空間を作り上げ、ホスピタリティに富んだ美食滞在を提案している。

そんなラルマン氏は「フランス料理の真髄はソース」という信念を大切に持ち続ける料理人だ。厨房には大きなフォンの鍋がいくつも並び、ソース用の小鍋で調理台が埋まり、厨房での氏は常にソースの味見に余念がない。ソースを使わないあっさりした料理など、フランス料理界を通りすぎるさまざまな流行とは距離をおき、自らが信じる料理をブレずにゆっくり確実に進化させてきた。氏の料理は2014年には三ツ星、前年にはゴー・ミヨの〝今年の料理人〟の評価を得るに至った。

現在43歳。三ツ星の評価から3年がすぎ、今まさに氏の料理は脂がのり、香り高く花開いている。

＊

私はランス生まれのランス育ちです。料理学校は東部の最大都市ストラスブールで、修業はこの地域以外の気候風土や食文化、ワインについて知識を深めたいと思い、マルク・ヴェイラ氏、ロジェ・ヴェルジェ氏、ミシェル・ゲラール氏、アラン・シャペル氏と南部の偉大な料理人の下でしましたが、修業後は父が1975年に開いた「ラシエット・シャンプノワーズ」に合流すると決めていました。ここは両親が誕生させた、心がこもった家族の家。トロワグロ一家やエーベルラン一家、マルコン一家のように、家族の絆があるからこそ生み出せる魅力を大切に感じています。

父は'77年から20年間近く一ツ星を獲っていたものの、'97年に私が合流した時は星は失われていました。当時はごく伝統的な料理を出す店でしたが、私は料理も内装もコンテンポラリーで視野の広い、新しい世紀を迎えるにふさわしい店に進化させたかった。伝統や根っこは大切ですが、新しい世代がもたらす改革を混ぜていくことが、メゾンのDNAを守りながら店を発展させ続けるのにつながると思います。そうした私の考えに同意してくれた父が病に倒れたのは2000年のこと。厨房に立てなくなってからは料理の味見などをしてくれて、二人で'01年に一ツ星を取り戻しました。

しかし、父は翌年に他界。50歳という若さでした……。父が築き残してくれた歴史と魂を大切に、母、妹、そして妻と一丸になってさらなる向上に励み、'05年に二ツ星、'14年に三ツ星の評価を得ることができたのです。

店があるタンクーは、フランス随一の観光都市ランスの郊外で、シャンパーニュのメッカです。世界中から観光客が訪れる場所で、パリからTGVで45分。地方でありながら、フランスを代表する国際都市です。この地方一有名な産物はなんといってもシャンパーニュですが、ビーツ、小麦、トウモロコシなどの栽培も盛んです。

ラシエット・シャンプノワーズの厨房に立つようになって、今年で20年。その間、よりよい食材、より精度の高い加熱法や味つけなどを追求してきましたが、一貫して大切にしてきたのがソースです。私の料理において、ソースは欠かせません。フレンチガストロノミーのDNAだと思っています。一昔前、フランス料理からソースがなくなった時代がありましたが、私は

メインの建物の裏には庭が広がる。テラスが設けられ、天気がいい時には食前酒や食後酒をここで楽しむことができる。

バカラのシャンデリア、イタリアの大理石製テーブルなどが美しく配された、コンテンポラリーでシックな印象のダイニングは45席。他に15席ほどの個室を備える。

作り続けました。長年にわたるソースに対する探究心が、今、その味わい、軽やかさ、触感、印象と感動の強さなどにおいて、私ならではの風味を出せるようにしているのだと思います。

よいソースを作るコツですか？　そうですね、愛情をたっぷり注ぐことでしょうか。貝や甲殻類のフォンをとるなら、フレッシュなものを丸ごと使う。牛のコンソメなら、骨髄や首まわりの肉なども惜しまずに入れる。ハトのフォンは、風味豊かな腿肉でとる。あたりまえのことですが、おいしいソースを作るにはよい食材がたっぷり必要です。ためらわずに極上の食材をソースに用いてみてください。感動の度合いが違いますよ。私は店で出す料理のほとんどにソースを添えます。いわゆる液状のソースをはじめ、エマルションやクリーム仕立て、ナージュとして……。常に8～10種類のフォンやソースの鍋が厨房にあります。ソース作りは、コストも手間暇もかかりますが、フランスでガストロノミーをやる以上、ここは絶対に譲れない部分ですね。

シャンパーニュ地方の中心ランスは、いわゆる〝田舎〟ではないぶん、土地の個性が見えづらいかと思います。実際「この地方の特産品は？」と聞かれても、ワインのシャンパーニュ以外、パッと出てこないでしょう。でも実は、野菜も良質ですし、ラングル、シャウルスといった有名なチーズもある。きちんと探せば、小規模でいい仕事をする職人気質の生産者がたくさんいるのですよ。当店のすぐ近くにも、すばらしいハチミツを採取する養蜂家や、私を夢中にさせる野菜の栽培家がいます。

とはいえ、この地域最大の特産品はやはりシャンパーニュ。他のよい食材が、この美酒のせいで霞んでいるかもしれません（笑）。私自身大好きなワインで、子供の頃の友人も、今、シャンパーニュ造りに携わっているケースが多いですね。長い間、大手グランメゾンの存在が大きかったのですが、20年ほど前から、とくにここ10年は、自分の畑のブドウでシャンパーニュ

17世紀からワイン用のブドウ栽培を行ない、1960年代からシャンパーニュを造っている「シャルトーニュ・タイエ」のセラーや製品。現在の当主は、'83年生まれのアレクサンドル・シャルトーニュ氏。シャンパーニュ造りの巨匠、ジャック・セロス氏に師事しており、テロワールとブドウの自然な姿を尊重し、個性あふれるシャンパーニュを生み出す。ラルマン氏が絶賛する若い造り手の一人。

を製造する造り手が増えてきています。ヴィニュロン（レコルタン・マニピュラン）と呼ばれる造り手ですね。彼らは、自分で管理できる範囲の数haの畑をていねいに耕し、主要3大品種だけでなく昔から伝わる稀少な地元品種を植えたりして、自ら楽しみながら個性的なシャンパーニュを造っています。グランメゾンが基本的にブレンドを主体とし、いわば〝ブレンダーが生む味〟なのに対し、彼らが造るのは〝テロワールが生む味〟。細かく区切られた各畑の個性を上手に引き出していて、とても興味深いです。父の時代の当店のワインリストには、グランメゾン20社ほどの、各3～4種のシャンパーニュが載っていましたが、今は計1000種を超えています。グランメゾンも小規模な造り手もそれぞれ魅力的。これらすばらしいシャンパーニュの魅力が生きるように、より自分の料理を磨く気持ちが生まれますね。実際、シャンパーニュありきで創作する料理もあります。

シャンパーニュの造り手たちは、仕事相手というより友人です。毎日のように誰かが自分の品を持って訪ねて来ますし、そうなると当然飲んで喋って、自然と友情が育まれる。一緒に彼らのワインに合う料理を考えたりイベントも多く開催しますし、親密な交流による感情の共有があるからこその料理発展もあると思うんです。私の、シャンパーニュの知識や情熱というかワインへのアプローチは、ソムリエ顔負けだと思いますよ（笑）。デギュスタシオンコースには、それぞれの料理に合ったグラスシャンパーニュのペアリングも提案していて、とても好評です。

先ほどシャンパーニュ地方は野菜も良質だと言いましたが、たとえばビーツやトマトなどの野菜は、この地特有のミネラルを多く含んだ土だからこそ生まれる独特の塩気を有します。そしてシャンパーニュのブドウも同じ土壌で育つ。私がおいしいと感じ、このシャンパーニュに完璧に合うと思える味は、この土地で育つ食材を使わなくては表現できないものがたくさんあるのです。だからこそ私は、この地を離れません。今、自分を取り巻いている環境や生産者がいないと、100％の自己表現ができないのです。パリやニューヨークに店を作ることなんてまったく興味がありません。私には、生まれ育って気候風土を知り尽くしたこの場所が必要。子供の頃からの大勢の知人もいますし、何より父が残してくれた地です。心から愛するシャンパーニュというこの地でしか実現できない自分の可能性を、この地方のアンバサダーとして、三ツ星シェフとしての自負を持ちながら、今後も深く探っていきたいと思っています。

#28

ジル・グジョン

Gilles Goujon

オーベルジュ・デュ・ヴュー・ピュイ

1961年フランス中部ブールジュ生まれ。モロッコ、ドイツ、メス、モンペリエで幼少期をすごし、10歳からモンペリエ近くのベジエに。「ムーラン・ド・ムージャン」などで修業後、「ル・プティ・ニース」(マルセイユ)、「エスカル」(カリー＝ル＝ルエ)の現場シェフを経て、'92年「オーベルジュ・デュ・ヴュー・ピュイ」をオープン。'98年一ツ星、2001年二ツ星、'10年に三ツ星を獲得。

＊取材は2017年11月。情報もその時のもの

フランス南部、地中海とスペインの間に位置するオクシタニー地方。この地方の東半分は、数年前までラングドック＝ルシヨン地方と呼ばれており、同名のワインで有名だ。地中海とピレネー山脈を擁し、山海の幸に恵まれた自然豊かな地域。南部には隣国スペインの文化も色濃く残る。そんな、スペインにほど近いオード県国立公園内の険しい山間の小村フォンジョンクズで、ジル・グジョン氏は「オーベルジュ・デュ・ヴュー・ピュイ」を営む。

レストランのシェフが見せる絶対的権威と仕事の繊細さの二面性に惹かれて料理の道に入ったジル少年。テレビで目にしたポール・ボキューズ氏の、三ツ星とM.O.F.を手中にした威風堂々とした姿にあこがれ、本格的な修業をはじめる前から「自分もいずれこの二つのタイトルを持つ料理人になるんだ」と決意していたという。そしてその思いを胸に、現在に比べはるかに過酷だった当時の修業時代、人一倍の努力と熱意を傾けて料理に没頭した。

「30歳でオーナーシェフになる」という以前から掲げていた計画を実行に移し、1992年に独立。人里離れた村の格安物件を手に入れ、夢に向かって進みはじめた。閉鎖的な田舎の村で独立した無名の料理人。ゲストが来ないうえ、地域住民たちからの冷ややかな対応や嫌がらせを受ける年月が続き、つらく悔しい思いを夫婦で慰め合うことが幾度もあったという。しかし、夢への信念と意志は常に固く、その努力は5年が経つ頃に、氏にM.O.F.と一ツ星をもたらす。さらに、たゆみなき向上心は、2010年についにミシュラン最高峰へとグジョン氏を導いた。

おいしさだけでなく、料理に対する長年の熱い思いが強く宿された氏の料理は、食べ手の心に語りかけてくる。

＊

学生の頃、サービスのアルバイトをしたレストラン。オーダーを大声で伝えるシェフに、スタッフが全員大声で「ウィ、シェフ！」と即答するのを見て、力強い威厳

1 二つの大きなサロンからなるレストラン客席。普段は45席ほどだが、イベント時には着席で100人まで収容可能。写真右手の、グジョン氏の調理風景などの写真で装飾された壁の向こう側に厨房がある。2 店のロゴは、淡水魚“グジョン”をデザインしたもの。店のあちこちにこのマークがあしらわれている。

に惚れました。一方で、雄々しいシェフがトマトでごく繊細なバラ細工を作る——この二面性に惹かれ、料理人になることを決めたのです。またその頃、テレビCMで見た、M.O.F.のメダルと三ツ星をトレードマークにいかめしく腕を組むポール・ボキューズ。「僕も彼みたいな料理人になる！」と胸を高鳴らせたものです。それから30年以上かけて夢を実現させました。

道のりは平坦ではなかったです。地元ベジエで修業をはじめ、21歳で当時の名門中の名門「ムーラン・ド・ムージャン」へ。伝説の料理人ロジェ・ヴェルジェ氏は、ボキューズ氏同様にあこがれのM.O.F.&三ツ星シェフ。寝る間も惜しみ夢中で働きましたっけ。ハイシーズンは夜だけでゲストが150〜200名。夜毎、フェラーリやジャガーが列をなして映画界や音楽界のスターが訪れる、心踊る店でした。入店から半年後に、魚の部門シェフに抜擢されてすごくうれしかったのを覚えています。ヴェルジェ氏はわが指導者。後に、マルセイユと近郊の二ツ星店などでシェフを務め、1992年に独立しました。

ムーラン・ド・ムージャン入店直前に結婚したのですが、妻になるマリ＝クリスティーヌには、「30歳で自分の店を持つ。そのためには、この先10年はただひたすらに料理一色の日々で、その間は子供も難しい。それでもよければ結婚してほしい」と言いました。当時、美容院に勤めていた彼女はうなずいてくれ、サービスの勉強をし、レストランで仕事をしながらついてきてくれたのです。独立と言っても資金がなく、都市の店は買えず、田舎の破産物件を見てまわりました。実はここは、すでに3度も破産した建物。2度あることは3度ある。でも3度やれば、もう大丈夫だろうと決めました（笑）。今でこそ計50人近いチームですが、スタート時は妻と二人だけでした。

人里離れた山奥の村、しかも美食で有名なエリアでもない。とにかくミシュランの星を獲り、集客につなげねばと考えました。それまでの自分のキャリアから考えると、2年程度でいけると思ったものの、3年目も4年目もダメ。5年間はまさに悪夢でしたよ。集客ゼロの日が続き、よそ者に懐疑的な地元の人たちにゲストの車をパンクされたり……。仲よくなろうと街中の人を店に招いたことがありましたが、誰一人来てくれない。息子までいじめの対象になったこともあり、悲しくて悔しくて、妻と何度も泣きました。でもそんな試練と涙のおかげで、私たちはどんどん強くなり、高みをめざし続けてこられたのだと思います。彼らの、私たちを見る目が変わったのはつい最近ですよ。2010年に三ツ星を獲ってもまだまだ。2年前にレストランランキング「ラ・リスト」で世界9位になった時に、ようやく、という感じでしたね（笑）。

地元以外の反応としては、'97年に獲ったM．O．F．が大きな転機となりました。史上初の星なしM．O．F．料理人の誕生で、会場中に「誰だあいつ?」と言われましたっけ。数ヵ月後に一ツ星が付き、集客率が30％増。'01年に二ツ星になった時はさらに50％近く、三ツ星の時は50％超えのアップ率でした。ミシュラン様様ですね。アクセスが非常に悪いこんな田舎でも毎日のように多くのゲストが来てくれるのは、とてもフランス的な現象だと思います。フランス人は、美食のためとなれば距離を問わず車を走らせる。何しろ、レストランで散々料理の話をしながらごちそうを楽しみ、その食後には、今度はどの店に行こうかとうれしそうに話し続ける国民ですからね（笑）。食いしん坊の国の大自然の中、家族に囲まれ、ここまで来てくださるゲストのために料理ができることに、大きな喜びを感じています。

人里離れた山間の村に店があり、まるで辺境の地のように言われますが、車を20分もとばせば20㎞先の大きな町まで行けます。パリ市内で20分車を走らせても移動距離はわずか3㎞くらいでしょう?（笑）　田舎の不便は確かにあるかもしれませんが、風が常に吹き、朝は曇っていても昼には太陽が照りつけるこの地独特の気候と自然豊かな環境を、私はとても気に入っています。

ラングドック＝ルシヨン地方と呼ばれていたこの付近は、食材に恵まれています。東は地中海に接していて質

厨房スタッフは20人強。2017年にミシュランニツ星を得た「Restaurant KEI」（パリ）の小林 圭氏は、20歳の頃、この厨房でフランス修業をスタートさせた。「あの頃の俺はすごく怖かったと思うよ。今じゃすっかり丸くなったね」とグジョン氏は笑う。

のいい魚介が豊富に手に入り、周囲は山でジビエやキノコの宝庫、トリュフも採れますよ。春には野生のエスカルゴも出まわり、店のすぐそばで野生のアスパラガスやポワローなども採れる。ただ、開業当初は生産者との絆作りに苦労しました。心意気のあるいい生産者がなかなか見つからず、5年ほどかけて意にかなう取引先を少しずつ見つけて……。今は強い絆で結ばれ、私のためだけに仔ヤギを育ててくれたり、好みのサイズのアスパラガスを作ってもらえたりと、本当に助かっています。

料理に使う食材はほとんど地元産で、土地の伝統料理を自分なりに新解釈することも多いです。私の料理の特徴は、テロワールとパンチのある風味。とくに力強さは、私の代名詞と言えます。ローズマリーやサフランを使うならしっかり香らせ、仔豚を使うなら仔豚らしい風味の要である脂身もたっぷり使う。かつて『ゴー・ミヨ』が私の料理を「サイがバレリーナになったよう」と表現したこともありましたね（笑）。

クラシックのコンテンポラリー表現を意識しているのは今も昔も同じですが、M．O．F．を取る前はもっと技術がてんこ盛りの料理でした。世界と天国の父に「俺はこんなこともできる、すごいだろう！」と腕を見せつけたかったのでしょう。M．O．F．を取りミシュランの星を重ねるにつれ、料理の本質、つまり食材と味に心を砕くようになり、皿が変わったと自分でも思います。

なぜ三ツ星を獲れたと思うかって？　ミシュラン宛の小切手を切ったからですよ（笑）。……というのは冗談で、強い個性を持った味とブレない仕上がりが評価されたのでは、と感じています。最新技術を駆使した軽やかな皿を否定はしませんが、私のスタイルではありません。私は料理人。自分の手と感覚を武器に、フライパンを使い、炎を使い、アロゼをして、料理を作りたいのです。

料理において大切なのは、心。つまり愛と情熱です。愛とは、時間や労力を惜しまないこと。ただただゲストの喜びのため、すべてを無条件で捧げるのです。多くの人に喜んでもらえる、こんなにすばらしい職業はな

店から車で20分ほど、さらに山奥に分け入った場所にあるパイエズ夫妻の農場。広大な山裾の敷地で35年来、自然と共存しながら野菜や果物を栽培し、家畜や家禽を飼育している。10年以上の付合いで、グジョン氏はここから多くの野菜を仕入れている。取材時（11月）はちょうど西洋ゴボウの収穫時季だった。

いと思います。毎日0から100までを昼夜2回くり返す、とても大変な仕事で、自らの絶え間ない進化も必要です。人間は根本的に怠け者。だからこそ、意識して自身の進化をめざさなくてはいけません。そしてさらに難しいのは、この意識を伝えていくこと。シェフという仕事がどれほど大変か、よくご存知でしょう？　トップシェフは皆、ものすごい働き者であり、情熱と夢にあふれた詩人のよう。常に全力投球で理想に向かい進化を続けている。このような姿勢をスタッフ全員に理解してもらうのは本当に難しい。近年はとくに、労働時間が短く調理器具などの発展ゆえに作業が楽になっているので、より困難です。また、何度同じことを言っても改善できないのも、人間の本質なのかもしれません。でもそこに負けず、料理への情熱を若い料理人たちに伝え続けていきたい。

私には息子が2人いて、それぞれ料理と製菓の道を進んでいます。修業を経て、一緒に厨房に立てる、そんな日が来るのを私は夢見ているんです。

#29

ローラン・プティ
Laurent Petit

クロ・デ・サンス

1963年グラン・デスト地方生まれ。スイス、パリのレストラン数軒で修業を積む。修業期間中、「レ・プレ・ドゥジェニー」、「レ・クレイエール」などで短期研修をする。'87年にサヴォア地方ブリアンソンで「ペッシェ・グルマン」を共同経営で開く。'92年「クロ・デ・サンス」を開業。2000年に一ツ星、'07年に二ツ星を獲得する。

＊取材は2018年1月。情報もその時のもの

アルプスの美しい山々を湖面に映すアヌシー湖。ヨーロッパ内でもっとも高い透明度を誇る、この湖に面した街アヌシーは、サヴォア地方の中でもとりわけ人気の高い、風光明媚な観光地だ。湖畔には、マルク・ヴェイラ氏がその名を世界に轟かせ、現在は弟子ヨアン・コント氏が二ツ星シェフとして活躍するヴェリエ=デュ=ラックや、かつてマルグリット・ビーズ氏が名声を博し、去年から二ツ星のジャン・シュルピス氏が本拠地としているタロワールといった街も見られる。

アヌシー郊外に位置するアヌシー・ル=ヴューで1992年から「クロ・デ・サンス」を経営するローラン・プティ氏は、2007年に二ツ星を獲得。現在、フランスきっての美食エリアであるサヴォア地方を代表する、注目料理人の一人だ。

氏はガストロノミー店での修業経験がほとんどなく、自己流で美食を研究してきた。それゆえ〝こうあるべき〟という枠にとらわれず、また生粋のサヴォア人でないという背景が、土地の歴史や伝統に縛られない自由な発想をもたらしているのだろう。

同地で25年以上にわたり料理を追求し続けてきた氏だが、50歳を迎えた3年前、大きな決断を下した。ガストロノミー店の定番とされている、オマールやキャヴィアなどの高級食材をメニューから排し、長い年月を通じて巡り合った、店の周囲の自然と生産者がもたらす、同地でしか味わえない食材のみを皿に用いるようになったのだ。同時に、風味の組合せや調理法も、より独創的なものになった。

精神的な自由を手に入れたプティ氏。自由でいることの喜びを感じながら、さらなる飛躍をめざして料理と向き合っている。

＊

30年近くサヴォア地方に住んでいますが、生まれ育ったのはシャンパーニュ地方とブルゴーニュ地方の狭間にある小さな村。父親は肉屋&シャルキュトリーを経営していました。幼い頃から私は命令されたり、何かに従うのが大嫌い。16歳の頃、料理学校時代に「24歳でオーナーシェフになる！」と決意していました。

数店での修業を経た後、世界最優秀ソムリエがパリに開いた「ビストロ・デュ・ソムリエ」のオープニングスタッフとして3年半をすごしました。そのバカンス中に、ミシェル・ゲラール氏、ロジェ・ヴェルジェ氏、ジェラール・ボワイエ氏などのトップシェフの店に短期研修に行けたことで、目標ができました。初めて、三ツ星に代表される〝ガストロノミー〟と出合えたのです。とくにゲラール氏の店は、料理だけでなく、建物やサービス、雰囲気、すべてに魅せられましたね。そして、職場のサービス担当だった同僚に誘われて、24歳で彼の故郷、サヴォア地方ブリアンソンで「ペッシェ・グルマン」を開いたのです。

そこで、後に妻となるマルティーヌと出会い、'92年に結婚。二人の新たな店の場所として、彼女が長年住んでいて私も子供の頃にバカンスをすごして気に入っていたアヌシーを選びました。山と湖に抱かれた風光明媚な観光地、物件は30軒ほど見たでしょうか。オープン直後から多くのゲストが来てくれて、経営的にはうまくいきました。が、ミシュランの星が付かない。8年後にようやく一ツ星を得た時は、まるで魔法にかけられたかのよう。クリスマスの朝、モミの木にたくさんのプレゼントを発見した時の子供が感じるのと同じような気分で、もう、うれしくて、うれしくて……。その7年後に二ツ星を獲った時は、ちょっと違う感覚でしたね。あこがれていた巨匠たちと近いレベルに自分がいる、ガストロノミーという夢のようだった世界に自分が足を踏み入れつつあるという、覚悟というか責任感を感じました。二ツ星にふさわしい仕事をしなければと、喜びよりも身が引き締まる思いのほうが強かったです。

長い間、「ガストロノミーは技術を駆使し、メニューにはオマールやフォワグラ、ヒラメなどの高級食材を入れないとダメだ、これが〝フランス料理のコード〟

1 ヨーロッパーの水質とされるアヌシー湖。湖畔にはアヌシーやタロワールなど美しい街が点在する。「オーベルジュ・デュ・ペール・ビーズ」と「オーベルジュ・ド・レリダン」という往年の三ツ星もこの湖畔にあった。2 静かな郊外に立つ「クロ・デ・サンス」。

だ」と思い込んでいました。今もそう思っている料理人もゲストも多いですよね。でも3年ほど前、50歳を迎えた節目で考え方が変わったのです。50歳は人生における マイルストーン的な年齢であり、料理人としての現役キャリアもあと10年ほど。自分が料理を通して本当に語りたいことは何か、をあらためて自分に問うたのです。出てきたのが、アルプスの自然に囲まれてこの地で25年をすごすうちに心に宿った哲学や精神。生産者の思いや彼らが手がける、また自然が育む食材の魅力を、美食のコードや地方の伝統に縛られず、自由に表現したいと思ったのです。生まれながらのサヴォア人ではないからか、土地の過去にはあまりこだわりません。興味があるのは今、そして未来です。

この思いを実現すべく、〝キュイジーヌ・アウト〟というコンセプトを掲げ、食材は周辺の野菜や淡水魚のみだけにして料理を一新、厨房も客席も全面改装。自分の精神により近い、自由で自然な雰囲気に変えました。二ツ星店として順調だったのに、方向転換は怖

同地産の木を多用した広々とした客席。強い個性を持つプティ氏の料理を求め、多くの常連客が集う。

くなかったかって？　まったく。いろいろなしがらみや〝であるべき〟から抜け出せ、自分のいちばん素直で自由な思いを表現できるようになったのですから。思いがけず、ゲストの多くがこの変化をすぐに支持してくれたのが、とてもうれしかったです。自分自身に忠実な、自由で新しい考え方で探求する料理。どんな発展をしていけるのか、毎日ワクワクしながら明日の自分を想像しています。

料理の方向性を変えたのは、〝厨房と料理の外〟、つまり厨房内で技術を駆使した料理を披露するのではなく、厨房の外に出て、周囲で生み出される食材や生産者を発見し理解し、この地にいるからこそ表現できる、強い地域性のあるメッセージを発したいと思うようになったから。たとえば、オリヴィエ・ロランジェ氏やミシェル・ブラス氏のように。

ガストロノミー店の必須アイテムと思われ、自分も長年使っていたアカザエビやスズキ、トリュフなどの食材はこの地域と関係がないためメニューからはずし、食材はすべて近郊産にしました。野菜、柑橘類、エスカルゴ、フロマージュ、そして塩、ほぼ１００％がサヴォア地方や隣のスイス産。中でも、店のすぐそばにあるアヌシー湖や、そこと並んで当地方の３大湖と謳われるブルジェ湖とレマン湖で揚がる淡水魚や甲殻類を多用します。

アヌシー湖はていねいに研磨された美しい宝石のよう、ブルジェ湖はとても野性的で原始的、レマン湖は海のような波が立ち神秘的な雰囲気で怖いくらい。それぞれ性格が違い、獲れる魚も少し異なります。アヌシー湖は美しくなりすぎというか観光地化しすぎて、本質が見えづらく、また漁師も二人だけになってしまい……。しかし、彼らと早朝、誰もいない湖に小舟で乗り出して釣りをしたり、山に分け入り湖の源泉に立つと、この湖の本当の姿というか魂を感じることができる。そこで得たイメージを大切に湖の食材に向き合うと、ごく自然に多様なインスピレーションが湧き上がってくるのです。

食材を周辺のものに限定することで、レシピをすべて一新することになりましたが、食材を知れば知るほど創造力が刺激されるため、新しいレシピの開発に苦労はないですね。オマールやフォワグラを使うと、必ず他のシェフの料理と比較されますが、フェラの卵で作る自家製カラスミをたっぷりと使ったスープなどは、他と比べられようがありません。結果、技術披露や装飾過多から逃れられ、シンプルで本質的な料理作りができるように。以前は細かいデッサンをしたり、作り込んだ料理が多かったけれど、今は感動は見た目やレシピではなく、口の中にあればいいと考えています。

私は名店をじっくりまわるような修業をせず、ほぼ独学できました。そうした背景が、ガストロノミーのコードを壊すことに恐怖を感じないようにしてくれているのかもしれません。そつのないガストロノミーで誰からも愛される料理より、一握りの人にしか理解してもらえなくても、自分が心から好きだと思う料理を作りたいのです。今年は敷地内に大きな菜園を作ります。今は野菜についてそれほど深い知識はありませんが、1年後には大きな情熱を持って野菜を語れることでしょう。野菜との深い交流が私にどんな糧を与えてくれるのか、考えただけで胸が高鳴り、春が待ち遠しいです。

こういう考えは、豊かな自然に抱かれた地方にいるからこそ芽生えたのだと思います。その幸せを意識しながら厨房という枠を超え、周囲の土地が与えてくれる恵みとともに、過去や伝統にとらわれず、今、そして未来に何ができるかを探求したい。それは料理だけにとどまらず、食器や内装に至る店作りすべてにおいてです。またその情熱を、若い世代に伝えたい。彼らがシェフになった時、「ローラン・プティは、技術やレシピではなく、料理と向き合うエスプリ、ガストロノミーのビジョンはどうあるべきかを教えてくれた」と言ってもらえたらうれしいですね。

1992年の開業直前に結婚したマルティーヌ夫人とプティ氏。
25年以上、二人三脚で「クロ・デ・サンス」を発展させてきた。

Maîtres de la cuisine française

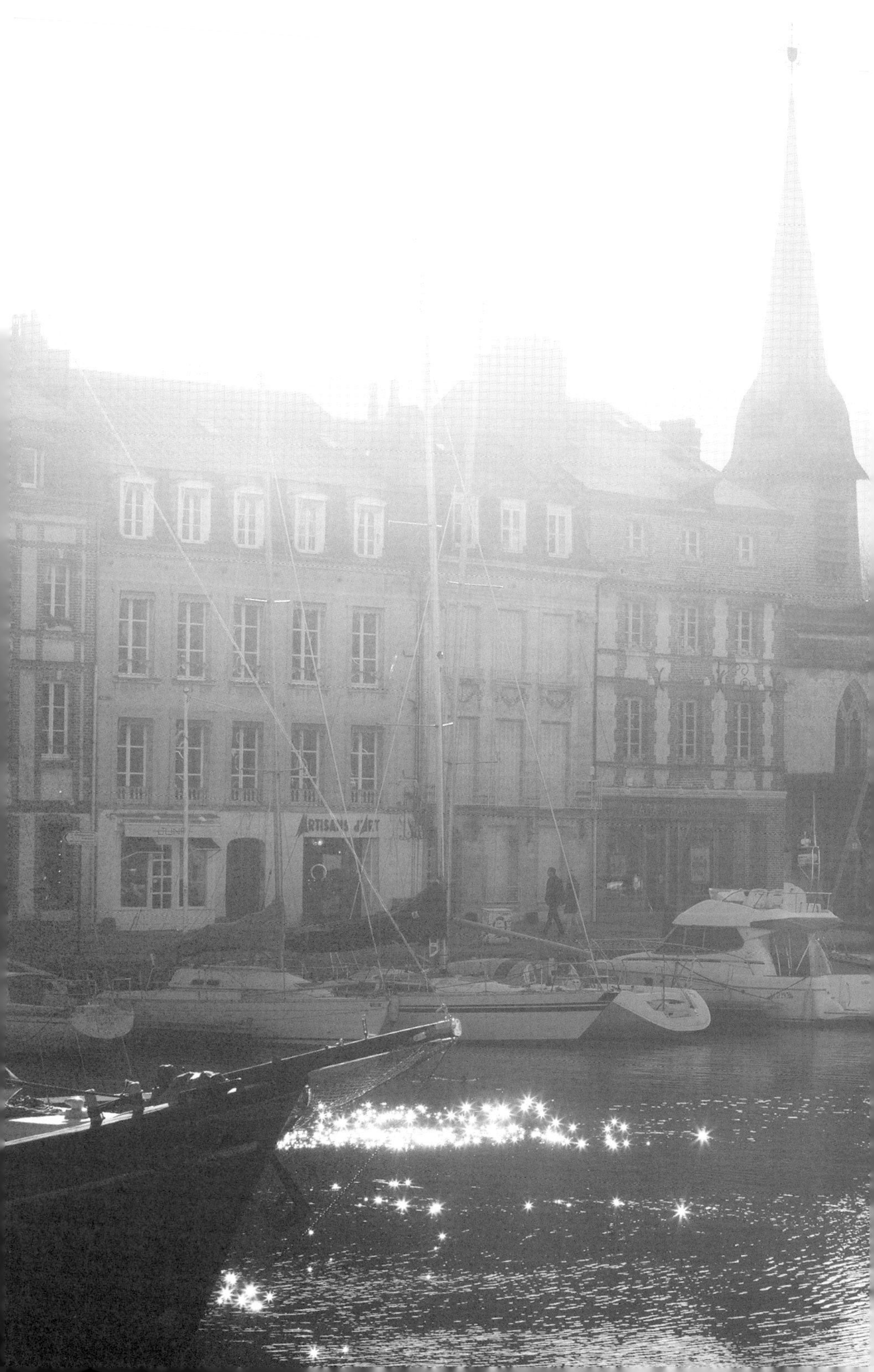
ARTISANS d'ART

Staff

取材・文　加納雪乃
撮影　小野祐次、山下郁夫
デザイン　荒川善正（hoop.）石田絢香（hoop.）
編集　淀野晃一

フランス料理の巨匠たち

歴史を受け継ぐ29人の言葉

初版印刷　2023年7月1日
初版発行　2023年7月15日

編集©　月刊専門料理編集部
発行人　丸山兼一
発行所　株式会社柴田書店
〒113-8477
東京都文京区湯島3-26-9 イヤサカビル
営業部　03-5816-8282（注文・問合せ）
書籍編集部　03-5816-8260
https://www.shibatashoten.co.jp

印刷・製本　公和印刷株式会社

ISBN:978-4-388-35360-6　C0077